불안의 시대를 건너는 청춘들에게

민주주의 색깔을 묻는다

불안의 시대를 건너는 청춘들에게
민주주의 색깔을 묻는다

2010년 4월 19일 처음 펴냄
2017년 2월 22일 4쇄 펴냄

지은이 손석춘
펴낸이 신명철
펴낸곳 (주)우리교육
등록 제 313-2001-52호
주소 03993 서울특별시 마포구 월드컵북로 6길 46
전화 02-3142-6770
팩스 02-3142-6772
홈페이지 www.uriedu.co.kr

* 이 책의 내용을 쓰고자 할 때는 저작권자와 출판사의 허락을 받아야 합니다.
* 잘못된 책은 바꾸어 드립니다.
* 책값은 뒤표지에 있습니다.

ⓒ 손석춘, 2010
ISBN 978-89-8040-934-1 03300

이 도서의 국립중앙도서관 출판시도서목록(CIP)은 e-CIP 홈페이지(http://www.nl.go.kr/ecip)에서 이용하실 수 있습니다.(CIP 제어번호:CIP2010001231)

불안의 시대를 건너는 청춘들에게

민주주의 색깔을 묻는다

손석춘 지음

우리교육

| 머리말 |

자기 계발.

21세기 한국 사회에서 '핵심어'입니다. 자기 계발의 시점도 점점 빨라져 '어린이 자기 계발'을 주제로 한 책과 강좌가 쏟아지고 있습니다. 초·중·고등학교 교사를 대상으로 한 자기 계발 강좌도 성황입니다. 학교 현장에서도 자기 계발의 유력한 방법으로 '자기 주도 학습'을 권장한 지 오래입니다.

10대 시절 내내 '자기 주도 학습'이란 말을 들어서일까요? 대학에 들어가면 20대 대학생들은 자기 계발을 '필수 과목'으로 삼습니다. 이미 '스펙'이란 말은 일상어가 되었지요. 대학을 졸업하면 자기 계발은 끝이 날까요? 직장인이 되면 스펙의 어법은 더 치열하고 절박해집니다. 대기업 '직장인'을 대상으로 자기 계발 강좌를 여는 소개문을 잠시 들여다보겠습니다.

"끊임없는 자기 계발의 노력이 중요합니다. 먼저 자신이 안전하다고 외칠 수 있는 위치인지 스스로 돌아봐야 합니다. 자기 계발은 자신에 대한 최고의 투자이며, 미래를 위한 최소한의 안전판이자 장기적인 성장 동력의 원천입니다."

자기 계발은 어느새 직장에서 살아남는 방법으로, 투자 대상으로 정의됩니다. 한 시민이 자신의 블로그에 쓴 글은 우리가 자기 계발에 얼마나 내몰려 있는가를 단적으로 보여 줍니다.

"모든 것이 하루가 다르게 변하는 세상에서 죽지 않고 살아남으려면, 개인이건 기업이건 싸워 이겨 나갈 수밖에 없습니다. 따라서 자기 계발을 부단히 하지 않으면 안 됩니다. 2010년 새해를 맞이해서, 뭔가 새로운 마음으로 새로운 시작을 하고자 하시는 분들을 위해 요즘 잘나가는 자기 계발서 모음을 준비해 봤어요! 나를 채찍질할 수 있는 한 권의 책과 함께 한 해를 시작해 본다면, 더 뜻깊지 않을까요?"

죽지 않고 살아남으려면 나를 채찍질하라? 대한민국에선 평생 대입 준비생처럼 '경쟁의 지옥'에서 살아가야 한다는 말인가요? 과연 자기 계발은 투자이거나 채찍질일까요? 이때 '자기'란 무엇일까요.

이렇듯 어린이부터 청년, 중년에 이르기까지 자기 계발 열풍에 시달리는 사회에서 민주주의의 빛깔을 묻는다면, '돈키호테'가 되기 십상이겠지요. 대한민국 국민에게 민주주의란 무엇인가 묻는다면, 어떤 대답이 나올까요.

다섯 살부터 학원을 전전하며 초·중·고등학교에서 이른바 '명문대' 입시 경쟁에 시달려 온 10대 청소년에게 민주주의에 대한 물음은 낯설거나, 한가한 이야기일 수 있습니다. 민주주의란 말을 들으면 무엇이 떠오를까요. 그리스 아테네? 민주주의를 '국민의, 국민에 의한, 국민을 위한 정부of the people, by the people, for the people'로 정의한 사람을 묻는 시험 문제? '정답'을 암기해서 답안지에 썼던 경험들이 떠오를 성싶습니다.

애면글면 대학에 입학해도 사정은 나아지지 않습니다. 1980년대 초만 하더라도 대학 진학률은 20퍼센트대였어요. 하지만 2000년대 들어서면서 급증한 진학률은 2005년에 80퍼센트를 넘어섰습니다. 대학을 졸업해도 취업을 보장받지 못하는 상황이기에 대다수 20대 대학생은 '취직 경쟁'으로 깊은 시름에 잠겨 있습니다. 그들에게 민주주의를 묻는 것은 사치일지도 모릅니다.

학교를 졸업하고 '취업'한 기성세대도 마찬가지입니다. 들머리에 소개했듯이 강도 높은 경쟁 체제 속에서 언제 도태될지 몰라 민주주의 '따위'에 신경 쓸 겨를이 없습니다. 피라미드 구조 위로 올라가려고 발버둥 치며, 결혼하고 아이 키우면서, '자기 계발'에 내몰리면서 3, 40대를 보냅니다. 세계에서 가장 긴 노동 시간과 스트레스 속에 늙어 가지요. 우리나라 40대 남성 사망률은 세계 최고입니다. 50대가 넘어서면 많은 사람이 더는 새로운 이야기를 받아들이려 하지 않습니다. 자칫 완고한 권위주의적 어른이 되거나 무기력한 노인으로 전락합니다. 국가 차원의 노후 보장이 거의 되지 않는 한국 사회에서 수많은 노인이 경제적 이유로 자살을 합니다. 이 얼마나 살풍경인가요.

여기서 자문해 봅시다. 대한민국에 자기 계발 열풍이 몰아친 지 20년이 넘는 동안, 실제 삶에서 '자기 계발'에 성공한 사람은 얼마나 될까요? 그까짓 민주주의 정도는 '다 아는 이야기'로, 자기 계발과는 전혀 관계없는 영역으로 밀어 두어도 과연 괜찮을까요?

감히 단언하거니와, 대다수 한국인은 민주주의가 무엇인지 모른 채 고등학교를 졸업하고 유권자가 된 어느 날부터 투표를 하며, 그것이 민주주의의 전부라고 생각하고 평생을 누군가에게 꼭 뒤 눌려 살아가며 삶을 마감합니다. 쓸쓸하게 인생에 마침표를 찍는 그 순간, 그에게 민주주의는 무엇일까요. 민주주의란 "국민의 국민에 의한 국민을 위한 몽둥이질"이라는 오스카 와일드의 풍자가 통렬하게 빛나는 지점입니다. 과연 민주주의의 정답은 무엇일까요?

이미 짐작했겠지만, 자기 계발 열풍의 배경에는 살벌한 경쟁 체제가 자리 잡고 있습니다. 바로 그래서입니다. 이 책은 자기 계발의 '제1과 제1장'이 왜 '민주주의 학습'인지, 민주주의의 빛깔을 묻는 게 왜 우리 개개인의 자아실현과 직결되는지를 밝히는 데 목적이 있습니다. 우리가 민주주의를 다 알고 있다고 우습게 볼 때, 그 민주주의는 '국민의 정부'가 아니라 '국민의 몽둥이'로 돌아오기 십상이니까요.

　민주주의란 한낱 투표 제도가 아니라 우리의 삶, 인생, 자아실현의 문제입니다. 민주주의를 자기 계발의 '제1과 제1장'으로 삼은 까닭이지요. 이 책을 10대가 읽을 수 있을 만큼 쉽게 쓰면서도 20대는 물론, 기성세대까지 두루 독자로 상정한 이유가 여기에 있습니다. 1960년에 스무 살 안팎의 청춘으로 민주주의 혁명에 나섰던 젊은이들이 어느새 70대가 되었습니다. 찬찬히 톺아봅시다. 민주주의는 과연 얼마나 성숙했을까를.

　옹근 50돌을 맞은 4월 혁명에 이 책을 바칩니다.

손석춘
2010. 4. 19

| 여는 글 |
자기 계발의 '제1과 제1장'

세계적으로 40여 개 나라에서 1천 500만 부가 판매된 자기 계발서가 있습니다. 한국에서도 수년 전에 소개되었지요. 그 책이 한국 독자들을 만난 지도 어느새 20년이 다가옵니다. 그런데 어떤가요? 한국의 젊은이들 가운데 그 책을 읽고 '성공'한 중년이 된 사람들은 얼마나 될까요?

그 책이 '성공'하기 위한 습관으로 가장 먼저 꼽은 명제가 "자신의 삶을 주도하라"입니다. 민주주의의 빛깔을 묻는 이 책의 궁극적인 제안과도 다르지 않아 보입니다. 하지만 "자신의 삶을 주도하라"는 미국 자기 계발서 저자의 주장과 "주권자로 살아가라"는 이 책의 제언은 크게 다릅니다.

무릇 책은 다양하게 읽을수록 좋습니다. 자기 계발서를 읽는 독자들을 가볍게 보거나 그런 책을 쓰는 저자를 낮춰 볼 생각은 전혀 없습니다. 실제로 자기 계발서가 도움이 되기도 하니까요. 다만 기존의 자기 계발서가 놓치고 있는 대목을 짚는 책을 함께 읽어야 균형을 잃지 않을 수 있습니다.

"자신의 삶을 주도하라"거나 "모든 일을 긍정적으로 바라보라" 또는 "왜 최선을 다하지 않는가"를 강조하는 자기 계발서들을 냉철하게 들여다봅시다.

대학을 나와도 일할 곳을 찾지 못해 실업자로 지내는 젊은이에게 "자신의 삶을 주도하라"는 말은 어떤 의미가 있을까요? 다채로운 재능을 국어·영어·수학 중심의 입시 교육에 맞춰 놓고 획일적 경쟁 체제에 가둬 두는 학교 안에서 "모든 일을 긍정적으로 바라보라"는 어떻게 다가올까요? 입시 경쟁에 최선을 다했고 그 결과 '명문대'를 졸업해 대기업에 취업했지만 마흔 살도 되기 전에 '구조 조정' 당한 사람에게 "왜 최선을 다하지 않는가"라는 지침은 과연 온당할까요?

"자신의 삶을 주도하라"는 말이 틀렸다는 게 아닙니다. 거듭 밝혀 둡니다만, 자기 계발서들은 출세를 위한 처세술에 지나지 않는다고 혹평할 생각도 없습니다. 자기 계발이 어떤 상황에서 어떻게 이뤄지는지를 정확히 인식할 때, 비로소 자신의 삶에서 자기 계발을 실현할 수 있지 않을까 하는 것입니다.

그래서 이 책은 개개인이 자기 계발을 해 나가는 틀을 주목합니다. 자기 계발은 물론, 개개인이 자아실현을 해 나가는 시공간이 바로 민주주의 사회이니까요. 이 말은 민주주의가 자아실현의 무대라는 뜻이 아닙니다. 단순한 무대 이상이지요. 개인의 자아실현 전반에 깊은 영향을 끼치는 조건, 더 나아가 자아실현 자체와 직결되어 있다는 뜻입니다.

예컨대 민주주의 사회가 아닌 곳에서 자기 계발이나 자아실현은 어떨까 상상해 보세요. 원천적으로 한계를 가질 수밖에 없겠지요. 인류가 민주주의를 이루려고 오랜 세월에 걸쳐 분투해 온 이유 중 하나는, 그 사회에서 비로소 개인이 온전히 자기 계발을 하고 자아를 실현할 수 있기 때문입니다. 이 부분은 앞으로 찬찬히 살펴보도록 하겠습니다.

본디 계발의 사전적 뜻은 "슬기나 재능, 사상 따위를 일깨워 줌"입니다. 재능만이 아니라, 아니, 재능보다 먼저 슬기를 깨닫는 게 계발이지요. 자기 계발은 그것을 '스스로' 한다는 뜻입니다. 민주주의의 슬기를 스스로 일깨워 가는 게 바로 '자기 계발로서 민주주의 학습'입니다.

민주주의를 굳이 자기 계발의 맥락에서 제안하는 이유는 우리가 민주주의를 '다 아는 이야기'로 여기기 때문입니다. 기실 민주주의는 밋밋하게 다가오기 십상이지요. '혁명'이나 '해방'이란 말이 주는 설렘이나 열정도 주지 못합니다.

이 책을 펴 든 여러분에게 곧장 묻고 싶습니다. 당신은 민주주의를 얼마나 알고 있습니까? 민주주의를 내건 사회에서 태어나 죽기까지 정작 민주주의를 껍데기로만 알고 살아가도 괜찮을까요? 그 민주주의가 유치원 시절부터 교육과 대학 입시, 취업, 결혼, 직장 생활, 노후 설계를 비롯한 우리 인생의 모든 단계에서 부닥치는 문제들과 직결되어 있다면, 그 모든 선택을 틀 지우고 있다면,

어떨까요?

 민주주의 학습이 자기 계발과 자아실현의 튼실한 기초인 이유가, 그것을 직시하는 게 후회하지 않는 삶을 살아가는 '제1과 제1장'인 까닭이 여기에 있습니다.

 알다시피 '제1과 제1장'은 작가 이무영의 소설 표제입니다. 작가는 신문 기자를 그만두고 농촌으로 들어간 한 지식인이 코피를 쏟으며 노동을 배우는 과정을 '제1과 제1장'으로 압축했습니다. 민주주의 또한 그런 것 아닐까요? 자신의 실제 삶으로 받아들여 코피를 쏟으며 몸으로 익혀야 할 인생의 기본, 그것이 민주주의 아닐까요?

 청소년을 비롯한 모든 국민의 민주주의를 읽는 눈은 더 깊어지고 더 넓어져야 합니다. 10대 청소년이라면 가능한 일찍, 기성세대라면 더 늦기 전에, 민주주의를 성찰하고 기초적인 내용을 학습해야 합니다. 자기 계발과 자아실현에 나이는 무관하니까요. 나아가 민주주의의 학습은 개인의 자아실현뿐 아니라 민주주의 성숙과도 맞닿아 있습니다.

 더러는 민주주의에 보수의 시각이 있고, 진보의 시각이 있다며 자신이 지닌 선입견을 고집하는 사람도 있습니다. 하지만 바로 그런 사람일수록 고정 관념을 벗어나 민주주의를 바라봐야 합니다.

 민주주의는 보수와 진보의 낡은 구분을 넘어선 곳에 있습니다. 어떤 사람이나 현상을 보수와 진보로 나누는 일은 흑백 논리에 지나지 않습니다. 특히 한국 사회에서는 민주주의 논의가 흑백 논리에 갇혀 있지요. 흑과 백 사이에 다채롭게 펼쳐진 색깔을 잃었습니다.

잃어버린 대표적 색깔이 '빨강'입니다. 한국 사회에서 누군가의 색깔을 거론할 때면, 대다수가 '빨갱이'를 연상합니다. 우리 머리에서 곧장 '친북 좌파'로 등식화하지요. 이는 '멸공'이란 말이 상징하듯이 상대를 모조리 말살하는 지극히 반민주적 사고입니다.

분명히 알아둘 것이 있습니다. 민주주의는 색깔을 거부하지 않습니다. 아니, 민주주의를 민주주의로 만들어 왔고 지금의 수준까지 계발해 온 것이 바로 '색깔'입니다. 그것은 보수와 진보를 떠나, 있는 그대로의 진실입니다. 이 책에서 민주주의의 빛깔을 묻는 까닭은 진보나 보수의 색안경을 벗고 민주주의 빛깔을 있는 그대로 직시하자는 제안입니다. 가령 한나라당 원내대표 안상수가 봉은사 주지 명진 스님을 겨냥해 색깔 공세를 편 사실이 드러난 오늘은, 권력이 종교계의 내부 인사까지 간섭하며 서슴없이 색깔을 물들이는 현실은, 한국 민주주의의 빛깔을 묻는 절실함을 방증해 줍니다.

자신의 색깔을 '보수'라고 자처한다면, 저자를 '진보'로 규정하고 이 책을 외면할 생각이라면, 더더욱 정독해 주기를 제안합니다. 이 책이 자신이 생각하는 '보수'가 과연 진짜 보수일까를 성찰하는 데, 민주주의에 대한 깊이를 더해 주는 데 도움이 되리라고 확신하기 때문입니다.

무릇 민주주의는 상식이나 지식의 문제가 아닙니다. 한낱 정치 제도는 더욱 아니지요. 민주주의는 우리 각자가 오직 하나뿐인 인생을 살아가는 삶의 틀입니다. 그 틀에서 우리는 자기 계발을 하고 자아를 실현하지요. 우리가 민주주의를 충분히 알고 살아가야 할 절실하고 절박한 이유입니다.

민주주의를 올바르게 알아야 우리 개개인의 삶을 누군가에게 휘둘리지 않고 살아갈 수 있습니다. 민주주의에 대한 온전한 이해는 우리가 갖춰야 할 가장 중요한 '스펙'입니다.

따라서 이 책은 민주주의를 자유와 평등, 또는 법치라는 고답적이고 식상한 틀로 분석하지 않습니다. 민주주의에 대한 난해한 이론을 다루지도 않습니다. 민주주의란 우리 개개인의 인생과 직결된 '삶의 문제'라는 데서 출발합니다. 누구라도 이해할 수 있는 일상이나 사건을 중심으로 생생한 보기를 들어 민주주의란 무엇인가를 풀어 간 이유도 여기에 있습니다.

이 책은 민주주의는 인생이라는 데서 출발해 민주주의의 여러 빛깔을 탐색합니다. 민주주의란 합의라는 상식적 판단을 뒤집으며 본디 민주주의는 싸움이라는 진실을 살펴봅니다. 동시에 민주주의는 대화이기도 합니다. 싸움과 대화, 얼핏 보기에 모순처럼 보이지만 여론으로 모아집니다.

민주주의는 또 정치이면서도 경제이지요. 경제의 밑절미 없이 민주주의란 불가능합니다. 또한 민주주의는 우리 헌법이 명쾌하게 선언하고 있듯이 주권입니다. 주권은 연대, 곧 사랑과 맞닿아 있지요. 이 책은 민주주의를 그 일곱 빛깔로 톺아보고 살펴보고 내다봤습니다.

 이 책을 집어 든 모든 독자가 마지막 장을 넘길 쯤엔 민주주의의 아름다움을 싱그럽게 만끽하길, 민주주의라는 아름다운 집의 목수로 지며리 살아가길, 자기 계발과 자아실현의 길에서 민주주의의 즐거움을 모든 사람과 벅벅이 나눠 가길 기대합니다.

 자, 이제 민주주의의 빛깔을 한 겹 한 겹 음미해 봅시다.

차례

|머리말| 5
|여는 글| 자기 계발의 '제1과 제1장' 11

1장 민주주의는 인생이다 20
1. 대학 가서 미팅, 공장 가서 미싱? 23
2. 사람이 '정치적 동물'인 까닭 29
3. 개개인의 존엄성 35
톺아보기 • 북유럽 민주주의와 학교 46

2장 민주주의는 싸움이다 48
1. 어느 검투사의 영웅적 삶 51
2. 왕정과 신분 제도는 어떻게 막을 내렸을까 57
3. 분단 체제에 뿌린 민주주의 씨앗 63
톺아보기 • 4월 혁명과 촛불 항쟁 78

3장 민주주의는 대화다 80
1. 시민 혁명이 그때 성공한 이유 83
2. 유럽의 대화와 한국의 공론장 89
3. 대화를 가로막는 색깔 98
톺아보기 • 새로운 언론과 새로운 사회 110

4장 민주주의는 정치다 112
1. 법치주의의 뜻과 한계 115

2. 한국 법치주의의 야만성　123
   3. 법치의 틀과 정치　136
   톺아보기 • 다수결 법치와 '허수아비 민주주의'　142

5장　민주주의는 경제다　144
   1. 민주주의가 밥 먹여 주지 않는다?　147
   2. 신자유주의와 민주주의　156
   3. 민주주의 정치 경제학　165
   톺아보기 • 사회주의 혁명과 복지 국가　176

6장　민주주의는 주권이다　178
   1. 주권의 확대와 노동 운동　181
   2. 노동의 선입견과 주권 의식　187
   3. 모든 권력이 국민으로부터 나오는 나라　194
   톺아보기 • 민주주의 수준과 노동자 의식　206

7장　민주주의는 사랑이다　208
   1. 갈등과 화합의 고정 관념　211
   2. 주권자들의 인간적 연대　219
   3. 노동과 사랑의 민주주의　225
   톺아보기 • 용산 참사와 민주주의 현주소　236

   | 닫는 글 | 성숙한 민주주의에 이르는 7가지 습관　239

1장 민주주의는 인생이다

민주주의가 자신의 인생이라는 진실에 눈떠라

"10대 청소년기를 갉아먹는 대학 입시 경쟁을,
20대 대학생들을 초조하게 만드는 청년 실업을,
30대 이후 기성세대의 일자리 불안과 동물적 생존 경쟁을,
인생의 모든 단계에 인간으로서 우리의 존엄성을
유린하는 사회 현상을 어쩔 수 없이 적응해야 할
숙명으로 받아들이고 있지는 않은가를
찬찬히 새겨 보길 권합니다."

1. 대학 가서 미팅, 공장 가서 미싱?

　누구에게나 자신의 인생은 가장 소중하고 엄숙합니다. 인생이란 말 그대로 "사람이 세상을 살아가는 일"입니다.
　인생은 절대 무한하지 않습니다. 너무나 짧지요. 일찍감치 마르쿠스 아우렐리우스는 《명상록》에서 "인생은 순간이며 모든 것이 순식간에 주검으로 굳어진다"고 한탄했습니다. 하지만 그 말은 인생이 짧다는 안타까움의 토로만이 아니라, 인생을 헛되게 낭비하지 말라는 경고를 담고 있습니다.
　같은 이야기를 천재적 문호 윌리엄 셰익스피어는 좀 더 재기 번득이게 표현합니다. "인생은 짧다. 그 짧은 인생도 천하게 보내기 위해서는 너무 길다." 실제로 그렇지요. 노예를 부리거나 권력과 부를 거머쥐려던 사람들의 천한 악덕으로 점철된 인생은 얼마나 길었던가요. 절대 왕권을 구가하던 왕들은 예외 없이 '불사'를 꿈

꿨습니다. 이집트의 파라오나 중국 진시황을 보면 알 수 있지요. 현대 사회에서도 권력이나 부를 가진 사람은 오래 살기 위해 수단 방법을 가리지 않고 있습니다. 반면 노예로 살아간 사람에게 인생은 얼마나 길었을까요? 비단 노예만이 아니지요. 굴욕감을 견디지 못해 스스로 목숨을 끊는 사람을 역사는 물론, 현실에서도 숱하게 목격하고 있습니다.

여기서 우리는 자신이 놓인 사회 경제적 상황에 따라 인생을 바라보는 시각이 크게 달라진다는 사실을 확인할 수 있습니다. 노예냐, 왕이나 귀족이냐에 따라 삶이 전혀 다르게 풀리지요. 이런 관점에서 볼 때 민주주의는 개개인의 인생과 곧장 직결된 삶의 문제입니다. 누구는 노예나 머슴의 자식으로 태어나 축복받지도 못한 채 평생 노예나 머슴으로 살고, 누구는 왕이나 귀족의 자식으로 태어나 평생 권력과 부를 누리며 호사스럽게 살아가는 신분 제도를 넘어선 사회가 민주주의이기 때문입니다.

민주주의가 인생, 그것도 당신의 인생이자 나의 인생이라는 명제는 결코 거창한 담론이 아닙니다. 지금 이 순간 차분히 톺아보기 바랍니다. 만일 우리가 민주주의 이전의 사회 – 그 사회를 '전통 사회'나 '봉건 사회'로 부르든, 또는 '전근대 사회'로 부르든 – 에서 태어났다면, 특정한 신분의 '굴레'에서 평생을 살아갈 수밖에 없습니다. 왕족이든 귀족이든 평민이든 천민이든, 신분 제도에서 한 치도 벗어날 수 없기 때문이지요.

신분제 피라미드의 정점에 있는 왕족이라 해서 모든 게 좋기만

할까요? 조선 왕조 초기의 이방원은 왕권을 거머쥐기 위해 형제 죽이기를 서슴지 않았습니다. 지금의 터키를 중심으로 동유럽과 북아프리카까지 500여 년 동안 대제국을 건설한 오스만 터키에서는 황제에 오르면 후환을 없애기 위해 다른 왕자들을 죽이는 일을 공공연하게 벌였지요. 세계사를 펼쳐 보면 황제(왕) 자리를 탐내는 황태자(세자)에게 독살당한 황제(왕)를 수두룩하게 발견할 수 있습니다.

새삼 신분 제도의 굴레에서 벗어난 민주주의 사회에 우리가 태어났다는 게 참으로 다행이라는 생각이 들지 않나요? 엄격한 신분 제도가 사라진 것은 분명히 인류사의 큰 진전입니다. 하지만 물어야겠지요. 세계사가 민주주의 단계로 들어선 다음에는 아무 문제가 없는가를. 물론 당대의 문제를 파악하기는 쉽지 않습니다. 한 시대를 살아가는 인간은 자신이 살아온 시대의 고정 관념에서 벗어나 있는 그대로의 진실을 보기가 어렵기 때문입니다.

"네 성적에 잠이 오냐?"로 대변되는 학교생활

21세기로 들어선 현 시점에서 "민주주의는 인생"이라는 명제는 일상생활을 통해 누구나 쉽게 실감할 수 있습니다. 먼저 스스로 물어보기 바랍니다. 대한민국에서 살아가는 우리 모두는 왜 이른바 '명문대 콤플렉스'에 젖어 있을까요?

아마 어린 시절에 '명문대' 이야기를 들어 보지 못한 10대는 없으리라 짐작됩니다. 명문대 진학을 위해 주소를 허위로 옮기는 '위장 전입'도 서슴지 않는 게 대한민국에서 살아가는 풍경이지요. 경쟁을 최우선 가치로 삼는 학교로 자신의 자녀를 진학시키려고 탈법과 불법을 저지르는 사람을 우리는 신문과 방송을 통해 쉽게 볼 수 있습니다. 고위 공직자로 임명되어 국회 청문회에 나선 장차관이나 그들을 다그치는 국회의원 자신은 물론, 현직 대통령까지 위장 전입 사실이 드러난 나라에 우리는 살고 있습니다. 엄연히 불법을 저지른 범죄 행위인데도 자녀 교육을 위해서였노라고 '해명'하면 슬그머니 넘어갈 수도 있는 나라가 대한민국이지요. 그들 스스로 '자부'하듯이 그만큼 교육열이 강하다는 증거일 수도 있습니다. 다만 과연 그게 정상인가를 정중히 물어볼 필요가 있습니다. 그것이 '교육열'로 넘어갈 문제일까요?

여기서 10대들이 하루를 보내는 교실로 가 보죠. 중·고등학교에서 변화하는 세태에 맞춰 기발한 급훈들이 선보이고 있습니다.

"2호선 타자"
"엄마가 본다"
"네 성적에 잠이 오냐?"

2호선 타고 등교할 대학에 가겠다는 의지가 압축된 표현입니다. 지하철 2호선이 서울 도심을 순환하며 관통하니까요. 사뭇 발랄함이 묻어난다고 볼 수도 있습니다. 하지만 "엄마가 본다"라거나

"네 성적에 잠이 오냐?"는 데 이르면, 기성세대의 한 사람으로서 하릴없이 착잡함에 잠깁니다. 더구나 그런 급훈을 학생들 스스로 '민주적으로 결정했다'는 사실에 이르면 무엇이 '민주적'인가를 성찰하게 됩니다.

그럼에도 '우울한 급훈'들을 제시한 것은 오늘과 같은 사회를 만들어 온 기성세대의 한 사람으로서 오늘의 10대에게 진솔하게 사과하고 싶어서입니다. 가장 감수성이 가멸지고 창조력이 샘솟을 시기에 온종일 입시 경쟁에 내몰리게 만든 것은 삶에 대한 죄악이라고 생각합니다. 기성세대 자신이 그 '지옥'을 고통스럽게 통과해 왔으면서도, 그걸 해결하려는 데 최선을 다하지 못한 결과가 오늘의 현실임은 누가 뭐래도 변명할 여지가 없겠지요.

다만, 언제까지 기성세대의 잘못만 추궁할 일은 아닙니다. 기성세대 탓만 하다가는 소중한 10대 시절을 잃어버리는 것은 물론, 앞으로의 인생도 기성세대의 전철을 밟을 가능성이 높습니다.

그래서입니다. 10대들이 만든 급훈을 곰곰 짚어 보고, 그런 상황을 넘어서는 길을 찾을 필요가 있습니다. 우울한 급훈이 나타나는 현상이 다름 아닌 민주주의 문제와 이어져 있기에 더 그렇습니다. 아직 짐작하기 어렵다면 급훈을 조금 더 들여다볼까요?

"담임 말씀은 곧 법이다"
"대학 가서 미팅 할래, 공장 가서 미싱 할래"
"10분 더 공부하면 마누라가 바뀐다"

물론 여기 소개한 것과 같은 급훈들만 있는 것은 아닙니다. 어느 고등학교 선생님이 손수 써서 걸었다는 "창조하는 삶은 두 번 사는 삶이다", "꿈을 꿀 수 있다면 실현도 가능하다" 또는 "우리는 소중한 사람입니다"와 같은 급훈도 찾아볼 수 있습니다.

문제는 학생들 스스로 선택한 급훈입니다. 10대 청소년들이 왜 "엄마가 본다"라거나 "10분 더 공부하면 마누라가 바뀐다"라는 급훈을 채택하고 그걸 교실 앞면에 붙여 놓는지 성찰해야 합니다. 살벌한 경쟁이 초·중·고등학교는 물론, 대학까지 지배하고 있기에 그렇습니다. 아니, 태어나서부터 죽을 때까지 모든 사람이 경쟁으로 내몰려 아등바등 살아가는 게 우리의 현실입니다. 세상을 넓고 깊게 바라보아야 할 이유이지요.

유치원부터 학원을 다니면서 감성 풍부한 10대를 질식시키는 현실, 20대에 모든 남학생이 군대의 획일적 명령 체계 속에 들어가 감수성이 둔감해지는 현실, 어렵사리 취업을 해도 평생 생존 경쟁 체제에서 살아가야 하는 현실은 다름 아닌 민주주의와 곧장 이어집니다. 민주주의를 내세우는 모든 나라 가운데 유난히 대한민국에서만 도드라지는 현상이기에 더 그렇지요.

따라서 신분제 사회를 넘어 민주주의 사회로 들어선 우리가 물어야 할 것은 '어떤 민주주의인가' 입니다. 우리 개개인이 어떤 민주주의 사회에 살고 있는지, 진정한 민주주의란 본디 어떤 사회인지를 곰곰 살펴보아야 할 이유도 기실 여기에 있지요.

2. 사람이 '정치적 동물'인 까닭

앞서 살펴본 "담임 말씀은 곧 법이다" "대학 가서 미팅 할래, 공장 가서 미싱 할래", "10분 더 공부하면 마누라가 바뀐다"는 급훈은 민주주의와 정면으로 어긋납니다. 하루 종일 이런 급훈을 보며 생활하는 10대들은 가랑비에 옷 젖듯이 자신도 모르게 반민주적 사고를 익힌다는 데 문제의 심각성이 있습니다.

가령 "담임 말씀은 곧 법이다"라는 급훈에는 무조건 순응하라는 권위주의의 전형적 사고가 깊숙이 스며들어 있습니다. 대학과 공장을 정반대의 갈림길로 놓고 '미팅'과 '미싱'을 대칭 자리에 놓거나 "마누라가 바뀐다"라는 식의 급훈 아래서, 알게 모르게 공장 노동자나 여성을 비하하는 편견을 '체득'하게 되는 것이지요.

자, 이제 진지하게 물어봅시다. 우리는 왜 청소년이든 학부모든 – 청소년과 학부모의 합은 사실상 대한민국 국민 대다수이지요 – '지하철 2호선'이나 '스카이'(SKY : 서울대·고려대·연세대의 영문 표기 줄임말)에 집착하는 걸까요?

그 이유는 명백합니다. 대한민국 민주주의에서 사람이 온전히 사람답게 살아가기 힘들기 때문입니다. 대학을 졸업한다 해도 취업도 못한 채 평생 생존권을 위협받으며 살아갈 가능성이 크기 때문이지요. 취업을 하더라도 대졸과 고졸 사이에 임금 격차를 비롯한 커다란 차별이 엄연한 현실이며, 대졸자의 경우도 취업은 물론 승진에 지속적으로 학벌이 영향을 끼치기 때문입니다.

이것이 엄연한 사회 현실인데 '지하철 2호선을 타자'거나 '10분 더 공부하면 마누라 얼굴이 바뀐다'로 급훈을 정하는 세태를 일방적으로 개탄만 할 수 있을까요? 현실과 동떨어진 관념적인 비난이 될 수밖에 없겠지요. 청소년 가슴에 가 닿지도 않을 터입니다. 대한민국 중·고등학생 가운데 학교 공부가 재미있다고 생각하는 청소년은 극히 드물지요. 기성세대 중에서도 학교 공부가 재미있었다고 추억하는 사람은 거의 없을 겁니다.

1994년 서태지가 '교실 이데아'라는 노래를 부르자, 10대들은 열광적으로 호응을 했습니다. 말 그대로 '혁명적 노래'였지요.

"됐어(됐어) 이젠 됐어(됐어) / 이제 그런 가르침은 됐어 / 그걸로 족해(족해) 이젠 족해(족해) // 매일 아침 일곱 시 삼십 분까지 / 우릴 조그만 교실로 몰아넣고 / 전국 구백 만의 아이들의 머릿속에 / 모두 똑같은 것만 집어넣고 있어 / 막힌 꽉 막힌 사방이 막힌 널 / 그리곤 덥썩 모두를 먹어 삼킨 / 이 시커먼 교실에서만 / 내 젊음을 보내기는 너무 아까워 / 좀 더 비싼 너로 만들어 주겠어 / 네 옆에 앉아 있는 그 애보다 더 / 하나씩 머리를 밟고 올라서도록 해 / 좀 더 잘난 네가 될 수가 있어 / 왜 바꾸진 않고 마음을 조이며 젊은 날을 헤맬까 / 바꾸지 않고 남이 바꾸길 바라고만 있을까 // 됐어(됐어) 이젠 됐어(됐어) / 이제 그런 가르침은 됐어 / 이걸로 족해(족해) / 이젠 족해(족해) // 국민학교에서 중학교로 들어가며 / 고등학교를 지나 우릴 포장 센타로 넘겨 / 겉보기 좋은 널 만들기 위해 /

우릴 대학이란 포장지로 멋지게 싸 버리지 / 이젠 생각해 봐 대학! 본 얼굴은 가린 채 / 근엄한 척할 시대가 지나 버린 건 좀 더 솔직해 봐 넌 알 수 있어 / 좀 더 비싼 너로 만들어 주겠어/ 네 옆에 앉아 있는 그 애보다 너 / 하나씩 머리를 밟고 올라서도록 해 / 좀 더 잘난 네가 될 수가 있어 / 왜 바꾸진 않고 마음을 조이며 젊은 날을 헤맬까 / 바꾸지 않고 남이 바꾸길 바라고만 있을까 / 왜 바꾸진 않고 마음을 조이며 젊은 날을 헤맬까 / 바꾸지 않고 남이 바꾸길 바라고만 있을까 // 됐어(됐어) 이젠 됐어(됐어) / 이제 그런 가르침은 됐어."

이 노래가 나온 지 15년이 흘렀을 때입니다. 노래를 따라 부르던 고등학생이 30대가 되는 세월, 그해에 태어난 아기가 고등학교에 입학하는 세월이지요. 2009년 8월 15일 서울 잠실 종합운동장에서 서태지는 이 노래를 부르기 전에 관중을 향해 외쳤습니다.

"여기 대학생 있나요? 초등학생, 중학생, 가장 고생 많은 고등학생은요? 2009년 교실에서 여전히 학생들의 미래는 좁아져 가고 있습니다. 아름다운 젊은 날을 헤매지 말고 바꿉시다. 교실, 이데아!"

가사 속 교육 현실이 15년 세월 동안 전혀 달라지지 않았다는 사실, 오히려 우리의 미래가 더욱 암울해지고 있다는 현실을 부각하며 이 노래를 불렀을 때, 2만여 관중의 함성은 절정에 달했습니다.

그렇습니다. 1994년 "됐어, 됐어, 이젠 그만 됐어"를 부르며 열광했던 중학생과 고등학생들이 이미 기성세대가 되었는데도 입시 경쟁은 오히려 더 격화된 현실이 문제의 심각성을 드러냅니다. 그 사이에 김대중 – 노무현 두 '민주 정부'가 교육 정책을 담당했다는 사실도 어떤 민주주의를 할 것인가를 성찰하게 해 주지요.

부모나 이웃이 생존 경쟁에 내몰리지 않고 살아가는 북유럽의 민주주의 사회에서 살아가는 10대에게 학교 공부는 어떻게 다가올까요? 그들에게 공부는 즐겁고 재미있습니다. 설문 조사를 해봤더니 북유럽 학생들 70퍼센트 안팎이 "학교는 즐거운 곳", "수업은 재미있는 사건"이라고 응답했답니다.

북유럽 학생들이 학교 교과서나 수업이 재미있다고 무람없이 밝히는 이유는 그들이 대한민국 학생에 비해 학구열이 뛰어나서가 결코 아닙니다. 핀란드 학생과 대한민국 학생이 살아가는 민주주의 사회의 풍경이 완연히 다르기 때문이지요.

대학 입학 시험이나 일제 고사 따위의 성적 경쟁으로부터 자유로울 때 학교 수업은 청소년의 호기심을 자극하기에 충분합니다. 인간이 걸어온 역사와 사회는 물론, 자연과 우주에 이르는 광범위한 영역에 걸쳐 청소년이 미처 모르고 있는 지식을 충족시켜 줄 수 있으니까요.

여기서 우리는 정치와 전혀 무관해 보이는 10대 청소년의 학교 공부가 정치 체제에 따라 전혀 다르게 인식될 수 있다는 사실을 확인할 수 있습니다. 정치가 사람들의 삶을 어떻게 규정하고 있는가를 보여 주는 적나라한 보기입니다.

인간만이 정치를 할 수 있다

　일찍이 그리스 철학자 아리스토텔레스는 "인간은 정치적 동물이다"라고 정의했습니다. 여기서 이르는 정치란 국회의원을 비롯한 직업 정치인의 정치 행위만을 이르는 것이 아닙니다. 사회 내 그 누구도 정치로부터 자유로울 수 없다는 뜻입니다. 사람은 누구나 다른 사람과 어울려 살아갈 수밖에 없기 때문입니다. 우리는 아무리 밀폐된 공간에 혼자 있다고 하더라도 동시대를 살아가는 사람들에게 직·간접으로 영향을 받고 있습니다.
　깊은 산에 들어가 선방에서 홀로 참선 수행에 전념하는 스님을 떠올려 봅시다. 세속의 일과 전혀 무관해 보이지만, 그도 결코 혼자 존재하는 게 아닙니다. 해탈의 길에 정진하거나 깨달음에 이르는 길은 혼자서 갈 수밖에 없겠습니다. 그러나 누군가 쌀을 농사지었고 누군가 선방을 지어 놓았기에 몰입해서 정진할 수 있겠지요. 시대적 흐름으로부터도 온전히 자유롭지 못하지요. 한 예로 일본 제국주의 세력이 불교마저 일본식으로 바꾸려 했을 때, 첩첩산중에서 수행하던 스님들도 그 흐름에서 벗어날 수 없었습니다. 이렇듯 한 사회를 틀 지우는 국가로부터 누구든 자유로울 수 없습니다.
　자신이 정치와 무관한 삶을 살고 있다고 여기는 사람이 있다면, 그것은 무지하기 때문입니다. 일상의 먹고 입고 자는 행위에도 정치는 깊숙이 개입되어 있습니다. 가령 광우병 위험이 있는 미국산 쇠고기의 무분별한 수입이나 농약으로 중독된 먹을거리는 어떤 통상 정책, 어떤 농업 정책을 선택하느냐와 직결되어 있습니다. 옷도 마찬가지이지요. 미국식 정장이 전 세계에 보편화되고 있습니다만 여전히 고유의 옷을 지켜 가는 아랍 국가들이 있습니다. 이슬람 여성의 얼굴을 가리는 차도르는 아랍 국가에 어떤 정치 체제가 들어서느냐에 따라 강제되기도 자유로워지기도 합니다.

개개인의 거주 형태도 정치 체제에 따라 큰 차이가 있습니다. 공공 주택의 비중이 높은 나라가 있는 반면에 부동산 편중으로 인한 양극화 때문에 노숙자가 많은 나라가 있습니다. 그 또한 어떤 주택 정책, 어떤 부동산 정책을 선택하느냐와 직결되어 있습니다.

가장 기본적인 의식주에 정치가 깊은 영향을 끼침은 물론 경제생활, 문화생활에 미치는 영향도 엄청납니다. 정부 예산의 구체적 수치로 이야기해 봅시다. 예산은 국민이 낸 세금으로 편성되는데요, 문제는 그것을 어떻게 쓸 것인가에 있습니다. 2010년 현재 대한민국 정부의 한 해 예산은 300조 원에 이르고 있습니다. 그 가운데 20분의 1인 15조 원을 어떻게 쓰느냐에 따라 국민의 삶이 달라질 수 있겠지요.

가령 ㄱ정당은 상속세와 법인세, 부동산 관련 세금을 줄여 가진 자들에게 혜택을 주거나 토목 사업에 쓰자고 주장합니다. ㄴ정당은 자주국방이 필요하다며 미국이 만든 수백억 원짜리 전투기를 구입하거나 도로를 뚫는 데 써야 한다고 주장합니다. ㄷ정당은 그 돈으로 300만 명에 이르는 대학생들의 등록금을 절반으로 만드는 데 투입하자고 제안합니다. 실제 그 돈은 300만 명의 대학생들에게 연간 500만 원씩 지원해 줄 수 있는 금액이니 당장 대학 등록금을 절반 아래로 떨어트릴 수 있습니다. 어느 정당이 집권하느냐에 따라 국민이 살아가는 모습이 사뭇 달라지지 않을까요?

그렇다면 이제 "민주주의는 인생"이라는 이 책의 첫 번째 명제가 우리에게 더 확연하게 다가올 성싶습니다. 민주주의는 신도 동물도 아닌 사람이 살아가는 길입니다. 사람이 동물과 다르다는 사실, 아리스토텔레스는 바로 그 지점에서 '정치'를 발견했지요. 인간은 끊임없이 인간의 본질을 탐색해 왔습니다. 근대 사회에 들어서면서 '정치적 동물'인 인류는 동물과 다른 '인간의 존엄성'을 민주주의의 철학적 토대로 삼기 시작했습니다. 민주주의가 인생이라는 정의 또한 인간의 존엄성을 전제하고 있지요. 민주주의는 오직 호모 사피엔스(Homo sapiens, 슬기 동물)의 삶에서 가능합니다.

3. 개개인의 존엄성

인간의 존엄성을 말할라치면, 뜬구름 잡는 이야기라며 시들방귀로 여길지 모르겠습니다. 실제로 인간의 존엄성을 말끝마다 들먹이지만 도무지 진정성은 찾아볼 수 없거나, 되레 서슴없이 존엄성을 짓밟는 인사들을 질리도록 보아 온 게 사실이니까요.

그렇다고 해서 그 뜻깊은 말을 잃어버리거나 잊을 수는 없습니다. 10대의 입시 지옥이나 20대의 청년 실업, 30~50대의 고용 불안, 60~80대의 노후 불안은 인간의 존엄성 문제와 직결되어 있는 사안이자 다름 아닌 우리의 인생 문제이기 때문입니다. 인간의 존엄성을 진지하게 고심하지 않은 탓에 대한민국 사회가 입시 지옥, 청년 실업, 일자리 불안, 노후 불안으로 얼룩져 있지 않을까요?

인간의 존엄성이 처음 지구촌에서 보편적 진리로 등장한 시점은 1948년입니다. 그해 유엔이 세계인권선언을 제정했지요. 세계인권선언은 제1조에서 "모든 인간은 태어날 때부터 자유롭고 존엄성과 권리에 있어서 평등하다"라고 명토 박았습니다. 우리가 허투루 넘기는 대한민국 법의 최상위에 있는 헌법 또한 '1장 총강'에 이어 '2장 국민의 권리와 의무'에서 그 첫 번째로 '인간의 존엄성'을 명문화하고 있습니다.

> **헌법 제10조**: 모든 국민은 인간으로서의 존엄과 가치를 가지며 행복을 추구할 권리를 가진다. 국가는 개인이 가지는 불가침의 기본적 인권을 확인하고 이를 보장할 의무를 진다.

모든 사람은 태어날 때부터 자유롭다는 말, 그 당연한 말이 현실로 구현되기까지 인류는 참으로 오랜 세월을 거쳐 왔습니다. 근대 민주주의 사회에 들어서야 비로소 신분 제도가 사라지기 시작했으니까요. 존엄과 권리가 평등하다는 대목은 더욱 그렇습니다.

신분 제도가 의심할 수 없는 지배적 질서였을 때, 인간의 존엄성이 보편화되기는 어려웠습니다.

우리는 신분제 질서의 정점에 있는 왕과 귀족이 자신들의 지배 욕망을 채우기 위해 얼마나 숱한 살육 전쟁을 벌였는지 세계사에서 쉽게 확인할 수 있습니다. 그들은 자신들의 영토 확장을 위하여, 또는 자신의 왕국을 지키기 위하여 전쟁을 벌이는 데 주저하지 않았지요.

민주주의 이전의 사회에서 인간의 존엄성이 어떤 방식으로 유린되었는지 좀 더 자세히 살펴볼까요. 계몽사상가 볼테르는 그의 출세작 《캉디드》에서 인간성이 처참하게 짓밟히는 현장을 날카로운 필치로 그렸습니다.

"무수한 총검과 대포가 수만 명의 목숨을 앗아 간 뒤 왕이 막사에서 승리를 위한 신에의 감사와 찬미의 노래를 하고 있는 동안, 군대는 마을을 불살라 잿더미로 만들었다. 여기서는 부상당한 노인들이 참혹하게 학살당하여 피투성이가 된 젖을 어린애에게 물린 채 죽어가고 있는 자기 아내 모습을 지켜보고 있었고, 저기서는 젊은 여인들이 몇몇 영웅들의 육욕을 채워 주고 난 뒤 배를 갈린 채로 마지막 숨을 내쉬고 있었으며, 또 다른 곳에서는 전신이 반쯤 불에 탄 사람들이 제발 빨리 죽여 달라고 부르짖고 있었다. 뇌의 수액은 잘려 나간 팔다리 곁의 땅바닥에 널려 있었다."

옮기기조차 민망스러울 만큼 끔찍한 장면입니다. 그럼에도 볼테르가 이런 저작을 남긴 것은 중세의 비인간적 전쟁을 직시하고 고발하려는 의도였다고 생각합니다.

계몽 시대를 거치면서 근대 민주주의 사회가 열렸다고 해서 인간의 야만성이 단숨에 사라질 수는 없겠지요. 다들 알다시피 아돌프 히틀러와 나치의 유태인 학살은 '20세기의 야만' 이었습니다. 민주 공화국을 헌법으로 선언한 대한민국도 건국 초기에 야만을 저지른 바 있습니다.

1949년 12월 24일 정오, 경상북도 문경. 국군 70여 명이 마을로 들어섰습니다. 국군은 마을 사람들이 자신들을 환영하지 않으니 '빨갱이'가 틀림없다며 집 밖으로 나오는 주민들에게 총을 쏘아 댔고, 마을을 불태웠습니다. 그날 동네 주민 86명이 목숨을 잃었습니다. 그 가운데 60명이 노약자와 청소년이었고, 10세 이하의 어린이도 22명이었습니다. 한반도 전역에서 흡사한 상황이 벌어져 한국 전쟁 전후로 100만 명에 이르는 민간인이 학살당했습니다. 역사학자 이이화의 증언은 《캉디드》에 버금갑니다.

"학살 방법에도 여러 가지 유형이 있었다. 총살하는 방법을 주로 사용했으나 갖가지 유형을 동원했다. 산 채로 손발을 묶어 매장하는 방법을 사용했다. 총알을 아낄 수 있었다. 여러 사람을 한곳에 모아 놓거나 집 안에 가두어 놓고 불을 지르는 방법……. 이를 초토화 작전이라 했다.

수장의 방법도 자행되었다. 손발을 묶어 강물이나 바다에 처넣는 수법이었다. 이런 방법은 주로 부산이나 통영 같은 연해의 도시에서 자행되었다. 일본군이 중국 난징南京에서 써먹던 일본도로 목을 내리치는 방법을 쓰기도 했다. 일본군 장교였던 김종원 같은 지휘관들이 주로 사용했다. 그 밖에 굶어 죽이기, 몽둥이로 때려죽이기, 배를 갈라 죽이기, 팔 다리를 잘라 죽이기, 음부와 젖가슴을 도려내고 돌을 매달아 물속에 넣어 서서히 목숨을 끊게 하는 등 온갖 반인간적 수법을 동원하기도 했다."

이어지는 그의 증언은 더 잔혹하지만 다 옮기지는 않겠습니다. 한마디로 '광란의 시대'였지요. 대한민국 건국 초기에 자행된 민간인 학살은 깊은 상흔을 남겼습니다. 왕의 자의적 결정에서 벗어나 헌법을 만들고 인간의 존엄성을 명문화한 사실은 큰 진전이지만, 그것만으로 민주주의가 실현된 게 아니라는 진실을 확인해 주는 지점입니다.

인권, 누구나 인간답게 살 권리

21세기에 들어선 오늘도 인간의 존엄성은 여전히 미완의 과제로 남아 있습니다. 우리가 살고 있는 현재의 대한민국을 둘러볼까요? 모든 국민이 존엄성과 권리에서 평등하다고 생각하는 사람이 과연 얼마나 될까요. 선뜻 그렇다고 답할 사람은 많지 않을 겁니다. 그렇기 때문에 '인간의 존엄성'은 더욱 중요합니다.
　인간의 존엄성을 권리의 차원으로 접근한 개념이 인권이지요. 2001년 5월 제정된 대한민국의 국가인권위원회 법은 인권과 인간 존엄성의 관계를 다음과 같이 명시했습니다.

"인권이라 함은 헌법 및 법률에서 보장하거나 대한민국이 가입 비준한 국제인권조약 및 국제관습법에서 인정하는 인간으로서의 존엄과 가치 및 자유와 권리를 말한다."

　사람이 다만 사람이라는 이유만으로 마땅히 누려야 할 권리, 사람이 이 세상에 태어나 성숙해 가며 희망하고 요구하는 권리가 바로 인권입니다. 인권은 단순한 인간의 권리가 아니라 인간답게 살 권리를 뜻하지요. 인간은 다른 동물과 다르기 때문에 인간의 존엄성이라는 인권의 개념도, 그를 밑절미로 한 민주주의도 가능합니다.
　인간의 존엄성을 실현하는 길, 사람이 사람답게 살아가는 길에는 소극적 권리와 적극적 권리가 있습니다. 다른 사람이나 정치권력으로부터 강제적 구속을 벗어나서 자신의 의사를 자유롭게 표현하며 자율적으로 삶을 영위할 권리가 있습니다. 흔히 이를 소극적 권리라고 하지만 결코 낮춰 볼 수 없는 권리입니다. 소극적이라기보다 기본적 권리라 하는 게 옳습니다. 가정이든 학교든 일터든 자신의 의사를 자유롭게 표현하기 쉽지 않은 게 현실이니까요.

다만 그 권리에 그쳐서는 안 됩니다. 개개인이 자신의 자아를 실현하고 인간으로서 존엄성을 유지하는 데 필요한 조건을 제시하고 국가에게 그 조건을 실현하라고 요구해야 합니다. 그것이 현대 정치학에서 논하는 적극적 권리이지요. 소극적 권리에서 나아가 적극적 권리를 보장하는 게 민주주의가 성숙해 가는 길입니다.

민주주의가 소극적 권리에 머문 사회가 대한민국이라면 적극적 권리까지 구현된 사회로 북유럽 국가를 꼽을 수 있을 터입니다. 노르웨이 오슬로 대학에서 한국학을 강의하고 있는 박노자 교수(본디 러시아인이지만 한국인으로 귀화했습니다)는 민주주의와 인생의 의미에 대해 다음과 같이 정리하고 있습니다.

인간의 삶에는 세 가지 층위가 있는 것 같습니다. 최저의 가장 기본적 층위는 생물적 생존입니다. 먹고 자고 성관계 맺고 번식하고 자녀 키우고 아플 때에 약을 먹고, 그리고 자연사하는, 이런 것입니다. 초기 자본주의 체제하에서는 이 기본적 생존마저도 노동자에게는 거의 '꿈' 같은 이야기였습니다. 원하는 만큼 못 먹고 아파도 병원에 못 가고 그랬기 때문입니다.
지금 같으면 아직까지 제약이 좀 있지만(세계 최장 노동 시간 대한민국 많은 노동자들의 수면 부족, 자녀 양육 문제들과 출산율 저하 경향, 무상 의료의 부재로 말미암은 제 문제 등) 일단 후기 자본주의 체제에서는 한국과 같은 준 주변부 국가에서는 이 정도는 다소 보장될 수도 있는 것입니다.

두 번째 층위는 기본적 사회적 역할의 수행 가능성입니다. 아이로서 정상적으로 성장하고, 젊은이로서 연애를 할 만큼 해 보고, 어른으로서 부모에게 제대로 해 드리면서 아이를 잘 키우고, 노후 생활을 조용하고 안정되게, 그리고 창조적으로 보내고, 이런 것입니다. 아이의 절대 대다수가 스트레스에 시달리고, 알바 하느라 연애고 뭐고 다 때려치우는 젊은이들이 부지기수고, 집에 밤 한 시에 돌아오는 아버지들이 아이를 한 번 보는 것도 힘들고, 노인들의 빈곤율이 약 40퍼센트에 달하는 이 위대한 토건 공화국 대한민국에서는 이 둘째 층위 정도는 거의 보장 못하죠.

그런데, 제대로 된 복지국에서는 이 정도까지도 보장해 줄 확률은 좀 있습니다. 노르웨이 정도면 아이 때에 제대로 놀고, 젊을 때에 제대로 연애와 섹스를 즐기고, 부모가 되면 저녁 5시부터 아이와 같이 놀고, 노후 인생을 인간답게 보낼 확률은 대단히 높습니다. 대다수가 그렇게 살죠.

박노자가 살고 있는 노르웨이인의 삶과 한국인의 삶은 그 조건이 다릅니다. 아이 때에 제대로 뛰어 놀고, 젊을 때에 제대로 연애를 즐기고, 부모가 되면 오후 5시부터 아이와 같이 놀고, 늙어서도 인간답게 보내는 노르웨이인의 인생은 한국인에겐 비현실적으로 다가옵니다. 하지만 노르웨이도 세 번째 인생의 층위까지는 이르지 못했다고 합니다.

그런데 셋째 층위 이야기가 나오면 대한민국과 노르웨이의 차이는 느껴지지 않습니다. 바로 대인 관계를 통한, 창조적 노동을 통한, 그 어떤 애타적 실천을 통한 진정한 자아실현입니다. 그게 인생의 신수며 인생의 가장 깊은 의미일 것입니다.

그 어떤 상황에서도 나를 버리지 않는, 나와 마음이 통하는 친구를 사귀고, 이름 모를 타인을 위해 그저 봉사하기가 좋아서 봉사를 해주고, 그리고 나만이 남길 수 있는 그 어떤 독특한 말, 글, 그림, 악보 등등을 남에게 남기고 가는 것……

적어도 "나는 살 만큼 살았다. 불법을 광설하고 의발 전수하고 상구보리 하화중생 할 만큼 했다, 이제 가면 된다"하여 안심하고 새로운 세상으로 갈 수 있는, 그런 '만족스러운' 인생을 이야기하는 것입니다. 우리에게는 이 만족스러운 인생의 복은 거의 주어지지 않는 것 같습니다.

― 인터넷 신문《레디앙》2009년 11월 30일 게재

노르웨이에서도 왜 그런 인생의 행복을 누릴 수 없는 걸까요. 박노자는 그 원인을 자본주의에서 찾습니다. 삶의 모든 조건을 자본의 논리가 틀 지우고 있다는 분석이지요.

박노자는 "과연 우리에게 예컨대 우리 신분과 학력, 돈 등등 외부적 요소들이 다 바뀌어도 우리를 계속 사귈 친구들은 몇 명이나 있는가요? 우리 대인 관계에서 '상호 이용'을 빼면 남는 게 얼마나 될까요? 우리가 하는 일 중에서는 남의 심금을 울려 이 세상의 마음의 밭을 조금이라도 더 정토처럼 가꾸는 게 얼마나 많을까요?"라고 묻습니다. 한국은 물론 북유럽 국가에서도 많지 않은 게지요. 이어 "한국이든 노르웨이든 자본주의하에서 사는 인간들은 자기 자신들로부터 아주 심각하게 소외돼 있습니다. 아무 의미도 없는, 부질없는 벌이, 오락, 상품화된 정보의 흐름 속에서 인간이란 묻히고 말죠"라고 개탄합니다.

이 지점에서 한국의 민주주의는 인생의 어느 층위를 보장할까 스스로 짚어 보기 바랍니다. 우리 사회에서 인간의 존엄성은 얼마나 구현되고 있을까를, 소극적 권리는 얼마나 충족되고 있는가를, 적극적 권리는 어느 정도인가를, 여러분 자신의 눈으로 판단해 보길 권합니다.

10대부터 기성세대에 이르기까지 우리 모두는 어떤 권리를 주장하며 살아왔는가를, 어떤 자기 계발을 해 왔는가를, 어떻게 자아실현을 해 나가고 있는가를 냉철하게 톺아볼 때입니다. 10대 청소년기를 갉아먹는 대학 입시 경쟁을, 20대 대학생들을 초조하게 만드는 청년 실업을, 30대 이후 기성세대의 일자리 불안과 동물적 생존 경쟁을, 인생의 모든 단계에 인간으로서 우리의 존엄성을 유린하는 사회 현상을 어쩔 수 없이 적응해야 할 숙명으로 받아들이고 있지는 않은가를 찬찬히 새겨 보길 권합니다.

무엇보다 우리 개개인의 남은 인생을 위해서, 우리 다음 세대가 인간의 존엄성을 누리며 살아갈 인생을 위해서, 잘못된 사회 현상을 바꾸려면 그와 관련한 슬기를 자기 스스로 계발하는 게 필요하겠지요. 바로 그것이 우리가 민주주의를 학습하는 이유, 민주주의가 곧 나의 인생임을 직시해야 할 가장 큰 까닭입니다.

북유럽 민주주의와 학교

눈을 감고 상상해 볼까요? 고등학교는 물론, 대학까지 입학금과 등록금도 전액 무료인 나라, 고등학교 졸업자와 대학 졸업자 사이의 임금 차별이 없는 나라, 대학의 '서열'이나 '학벌' 따위가 힘을 쓰지 못하는 나라.

자연스럽게 직업의 귀천이 없겠지요. 자동차 정비에 흥미가 있는 청소년은 그 일터를 찾아가 즐겁게 일합니다. 대학 입시 경쟁도 과열되지 않습니다. 꼭 대학에 가야 한다는 강박 관념이 없기 때문이지요. 학문적 재능이 빼어나도 집안 사정으로 학자의 길을 포기하고 자신의 인생을 평생 엉뚱한 곳에서 보내는 사람이 이 나라에선 나올 수 없겠지요.

이 나라에서는 자신이 일하는 영역에서 창조력과 성실한 자세로 평가받습니다. 따라서 '명문대'를 '스카이'로 꼽는 따위의 생게망게한 '시사 용어'는 없습니다. 어떤 사람이 어느 대학을 나왔느냐가 평생 '꼬리표'처럼 따라다니며 일터를 비롯한 온갖 영역에서 차별의 근거가 되는 일도 없지요.

대학 1년 등록금이 비정규직 노동자의 평균 연봉에 이를 만큼 비싼 한국의 민주주의 체제에선 상상하기조차 어려운 이야기입니다. 사랑과 결혼에서도 학력이 큰 변수가 되는 '이상한 나라'에서 살아가는 사람에겐 이런 사회가 낯설 수밖에 없지요.

자신이 일하던 기업이 불황으로 위기를 맞아 실업자가 되었을 때는 어떨까요? 정부로부터 평균 임금 75퍼센트 가량의 실업 급여를 꼬

박꼬박 지급받습니다. 전체 주택 가운데 공공 주택이 절반 정도여서 임대료도 저렴합니다. 집이나 땅이 재산을 불려 가는 수단이거나 노후 보장의 방편으로 투기 대상인 상황과 비교해 보세요.

'상상의 나라'가 결코 아닙니다. 엄연한 현실로 구현된 사회입니다. 스웨덴을 비롯해 북유럽 복지 국가들의 풍경이지요.

스웨덴 민주주의에서 살아가는 인생은 대한민국 민주주의에서 살아가는 삶과 확연히 다르겠지요. 여기서 '다르다'는 뜻은 대한민국보다 스웨덴에서 살아가는 게 더 가치 있다는 뜻이 결코 아닙니다. 사람이 보람을 느끼거나 성취감을 얻는 곳은 저마다 다르기 때문입니다. 스웨덴을 비롯한 북유럽 국가를 막연히 선망하거나 대단한 이상향으로 소개하려는 의도도 없습니다. 다만 하나뿐인 인생을 살아가는 데, 스웨덴과 대한민국의 삶은 어떤 차이가 있는지를 분명히 알았으면 합니다.

이제 북유럽 국가의 현실에 자신의 삶을 구체적으로 이입해 볼까요? 만일 여러분이 그 나라에 살고 있다면 과연 10대 시절 내내 '명문대'에 들어가기 위해 다른 모든 관심을 포기하겠는지요?

정상적인 사고를 지닌 대다수는 그럴 생각이 전혀 없을 터입니다. 여기서 우리가 짚어야 할 고갱이는 언뜻 사소한 것처럼 보이는 모든 일상이 사실은 민주주의와 직결되어 있다는 진실입니다. 우리가 겪고 있는 민주주의와 전혀 다른 민주주의가 얼마든지 가능하다는 눈뜸입니다.

2장 민주주의는 싸움이다

사람의 존엄성을 부정하는 사람이나 세력과는 싸워라

"만일 그 누구도 신분 제도의 부당함에 맞서
싸우지 않았다면 어떻게 되었을까요?
단언하거니와 민주주의 시대는
아직도 열리지 않았을 겁니다.
이것이 바로 민주주의가 싸움인 명쾌한 까닭입니다."

1. 어느 검투사의 영웅적 삶

 민주주의가 인생이라는 명제를 통해 우리는 민주주의가 인간의 존엄성에 뿌리내리고 있음을 살펴보았습니다. 그렇기에 "민주주의는 싸움"이라는 명제가 갑작스럽거나 당혹스러울지도 모르겠습니다. 민주주의가 인생이라는 명제와 모순되거나 전혀 다른 맥락처럼 다가올 수도 있으니까요. 더구나 우리는 어릴 적부터 싸움이란 해서는 안 될 일, 나쁜 일로 여기도록 '사회화' 되어 왔습니다. 기실 아직 성숙하지 못한 시절에 모두들 얼마나 숱하게 싸웠던가요. 인류의 역사를 돌아봐도 마찬가지입니다. 인류의 역사가 민주주의로 접어들기 이전에는 모든 영역에서 싸움이 일상이었다고 해도 지나친 말이 아니지요.
 이탈리아의 로마를 여행하면 거리 양쪽에 웅장한 고대 건축물이 곰비임비 이어지는 장관을 볼 수 있습니다. 대표적인 건축물이 콜로세움이지요. 원형으로 건축된 경기장 콜로세움은 80개의 출구로 5만 5천여 명의 관중이 동시에 드나들었던 규모입니다. 로마에 가 보지 않은 사람도 콜로세움의 위용이 머리에 떠오를 정도로 널리 알려져 있지요.

하지만 신문 기자 시절, 콜로세움 앞에 섰을 때 결코 찬탄만 할 수 없었습니다. 건축 장비가 부실했던 시기에 이 웅대한 경기장을 세우기 위해 얼마나 많은 노예들을 혹사했을까를 떠올려서만이 아닙니다. 콜로세움의 완공 뒤에도 살벌한 역사가 이어졌으니까요. 원형 경기장에서 정기적으로 일어난 참극으로 죽어 간 수많은 사람들의 비명이 귓전에 들리는 듯했습니다.

콜로세움은 문을 열 때부터 생때같은 사람들의 목숨을 앗아 갔습니다. 당시 로마 황제는 대중적 인기를 얻기 위해, 사람과 사람이 칼을 들고 싸우는 경기를 벌였지요. 경기장을 둘러싼 원형의 자리에 앉아 있던 로마 시민들은 생사를 건 야만적 싸움을 지켜보며 미친 듯이 즐거워했습니다. '검투사'로 불렸던 당대의 노예들은 싸움 끝에 목숨을 잃기가 예사였지요. 싸움에 진 검투사가 모두 죽음을 당했던 것은 아니었습니다. 하지만 광기에 젖은 관중이 원할 때면 패배한 검투사는 도리 없이 죽어야만 했습니다.

콜로세움이 개장한 기념으로 100일 내내 싸움판이 벌어졌습니다. 검투사와 검투사의 싸움만이 아니었어요. 검투사와 맹수도 싸움을 붙였습니다. 로마 시민들이 검투사 대 맹수의 싸움을 즐기면서 수많은 야생 동물이 희생됐지요. 그 시기에 맹수 5천여 마리가 죽었다는 보고서도 나와 있습니다. 그 결과 중동 지역에서는 사자가, 이집트에선 하마가, 북아프리카에선 코끼리가 아예 자취를 감췄다고 합니다.

로마의 황제를 비롯한 귀족들은 맹수들이 사람을 사납게 공격하도록 사자나 호랑이에게 '인육'을 먹였습니다. 당연히 '경기' 직전에는 맹수들을 굶겼지요. 그런데 그렇게 온갖 수를 썼는데도 맹수들은 사람을 곧바로 공격하지 않았다고 합니다. 이는 인간이 맹수보다 더 잔인할 수 있다는 걸 드러내 주는 대목이 아닐까요.

사람이 사람을 죽이고, 맹수를 죽이는 경기를 벌이는 짓, 그 경기를 보며 환호하는 모습은 단언하거니와 야만입니다. 21세기 민주주의 사회를 살아가는 우리의 눈에 비친 검투사들의 싸움은 명백한 살인 행위이지요. 사람의 생사를 건 싸움을 보며 즐기는 일 또한 민주주의 사회에서는 부도덕을 넘어 범죄입니다.

그런데 검투사이면서 콜로세움 경기장의 싸움과는 전혀 다른 싸움을 벌인 사람들이 있었습니다. 바로 검투사 스파르타쿠스와 그의 친구들입니다.

노예에서 벗어나 자유인으로 죽다

스파르타쿠스. 그는 발칸반도 남동쪽에 자리한 트라키아(현재 그리스와 터키로 분할된 지역) 출신이었습니다. 트라키아는 기원전 73년부터 71년까지 로마를 상대로 반란을 일으켜 이탈리아 남부를 거의 장악했지요. 당시 로마는 지중해 연안의 모든 지역을 속국으로 만들었으며, 해당 지역의 주민을 노예로 삼았습니다. 그리고 노예를 '말 하는 짐승'으로 부리며 사치스럽고 타락한 생활을 했습니다.

스파르타쿠스도 로마의 노예로 끌려가 검투사로 팔렸습니다. 하지만 그는 동료 검투사들 가슴에 칼끝을 겨누는 싸움에 응하는 대신, 자신들을 노리개 삼은 로마 지배 세력과의 싸움에 분연히 나섭니다. 그는 검투사 양성소에 있던 노예들을 규합해 베수비오 산을 근거지로 삼았지요. 스파르타쿠스가 그들을 추격해 온 로마군과의 싸움에서 이기자 로마의 지배를 받던 노예들이 곳곳에서 들고 일어났습니다. 로마 군단에 맞서 연이은 승리로 스파르타쿠스의 반란군은 10만 명의 규모로 커져 갔지요.

하지만 로마 군단과의 싸움에서 승리에 도취된 반란군 진영은 분열하기 시작합니다. 시칠리아 섬으로 들어가 그들만의 세상을 꿈꿨으나, 실현 직전에 좌절됩니다. 크라수스가 이끈 최후 결전에서 로마 군단에게 패배하고 말지요. 스파르타쿠스는 전사했고, 로마군의 포로가 된 노예 6천 472명은 전원이 십자가형에 처해졌습니다. 이들은 로마로 들어가는 길(비아아피아) 옆에 참혹하게 매달렸습니다.

우리는 여기서 싸움의 운명을 피할 수 없었던 검투사 앞에 놓인 두 가지 길을 톺아볼 수 있습니다. 하나는 로마의 지배 체제가 요구한 검투사 구실에 순응하는 길이지요. 수많은 동료 검투사를 살해한 뒤 어느 순간에 자신도 동료 검투사의 칼에 스러져 숨지는 삶입니다. 다른 선택은 검투사로서 지닌 무기를 정반대의 싸움에 쓰는 길입니다. 바로 스파르타쿠스와 그의 동료들이 걸어간 길입니다. 그들은 그 길에서 처음으로 동료 검투사를 죽이지 않아도 되는 자유를 누릴 수 있었지요.

10만 명에 이르는 노예들은 스파르타쿠스와 함께 로마군과 맞서 싸울 때, 처음으로 자유를 누렸습니다. 로마가 요구한 길을 걸어간 검투사들이 마지막 죽음의 순간까지 노예였던 반면 스파르타쿠스의 길을 걸어간 검투사들은 삶의 마지막 순간, 자유인이었습니다.

여기서 내가 그 시대에 검투사로 살았다면 어떤 길을 걸었을까 진솔하게 사색해 보길 권합니다. 결국 스파르타쿠스는 로마 군단과의 싸움에서 패했고 목숨을 잃었습니다. 그 사실을 부정할 필요는 없겠지요. 하지만 그가 검투사의 길에 순응했다면 어떻게 되었을까요? 피를 원하는 로마의 군중들 앞에서 숱한 검투사들을 죽이고 어느 순간, 자신도 검투사의 칼에 목숨을 잃었겠지요.

앞서 언급한 계몽사상가 볼테르는 스파르타쿠스를 어떻게 생각했을까요. 그는 "스파르타쿠스와 노예들의 전쟁은 세계 역사에서 가장 정의로운 전쟁"이었다고 평하면서, 그것으로 부족했는지 "아마도 유일하게 정의로운 전쟁"이라고 덧붙였습니다. 한편 20세기 미국의 작가 하워드 패스트는 스파르타쿠스를 소설화하면서 마지막 대목에서 다음과 같이 스파르타쿠스의 최후를 그렸습니다.

"우리는 4년 동안 로마와 싸웠습니다. 우리는 결코 도망치지 않았습니다. 우리는 오늘 전쟁터에서도 도망치지 않을 것입니다. 여러분은 제가 말을 타고 싸우기를 바랍니까? 말은 로마인들이나 가지라고 합시다. 나는 형제들 옆에 서서 싸울 것입니다. 오늘 우리가 이 전투를 이기면 우리는 많은 말을 갖게 될 것이고, 그러면 우리는 그 말들이 전차가 아니라 쟁기를 끌게 할 것입니다."

― 소설 《스파르타쿠스》 중에서

로마와의 싸움에서 승리하면 저들이 침략 무기로 이용하는 말을 농사 짓는데 활용하겠다던 '노예'들의 최후는 우리에게 깊은 성찰을 요구합니다. 스파르타쿠스의 고향인 트라키아 지역, 유럽 대륙과 아시아 대륙을 가르는 보스포루스 해협과 맞닿아 있는 그곳은 평원 지대가 지평선을 이룹니다. 실제로 트라키아를 여행하면서 그곳에서 태어나 행복하게 살았던 젊은이, 삶의 터전을 짓밟히고 노예로 전락했지만 칼을 거꾸로 들고 반란을 일으켰던 용기 있는 사내, 다시 고향에 돌아가 쟁기를 끌며 평화롭게 농사짓고자 했던 소박한 인간, 스파르타쿠스가 떠올라 가슴이 먹먹했습니다.

여기서 우리는 베수비오 산을 무대로 자유를 쟁취했던 검투사들은 물론, 그에 호응해 일어난 노예들의 원혼을 위무하며 이런 물음을 던질 수 있습니다. 왜 지금은 검투사 제도나 노예 제도가 없는 걸까요?

스파르타쿠스는 패배했지만 검투사 제도는 더 이상 존재하지 않습니다. 노예는 물론, 타고날 때부터 한 인간의 운명을 좌우하는 '신분'이라는 굴레가 벗겨졌습니다. 어떻게 된 걸까요? 그 지점에 역사를 배우는 즐거움이 있습니다. 동시에 그것은 민주주의를 학습하는 길이기도 합니다.

신분 제도를 없애는 길, 그것이 민주주의의 출발점이었습니다. 바로 그곳에 스파르타쿠스의 영웅적 죽음, 영원한 삶이 자리하고 있지요.

2. 왕정과 신분 제도는 어떻게 막을 내렸을까

신분 제도는 인류의 역사가 시작된 이래 오랜 시간 동안 지속됐습니다. 사람이 다른 사람을 차별하며 착취하는 제도가 수천 년 동안 이어졌다는 사실은 오늘날 우리를 놀라게 합니다. 스파르타쿠스와 같이 신분 제도에 맞선 사람들도 많았지만, 신분 제도는 견고했습니다. 쉽게 함락되지 않았지요.

지배하는 자와 지배당하는 자로 구분된 신분 제도는 당연히 소수의 지배 계층과 다수의 피지배 계층으로 갈라져 있었습니다. 피라미드 구조의 꼭대기에는 왕이 존재했지요. 왕은 자신이 지배하던 민중에게 세금을 걷어 자신의 권한 대로 사용했으며, 민중의 자식들을 무장시켜 왕권을 수호하도록 통제했습니다. 또한 부당한 신분 제도에 저항하는 시도에 대해서는 단호하고 가혹하게 응

징해 왔습니다. 수많은 민중들은 신분 제도에 갇혀 옴짝달싹하기 힘든 상황이었지요.

그렇다면 왕권과 그것을 뒷받침하던 견고한 신분 제도는 어떻게 사라지게 되었을까요? 모든 인간은 이성을 지니고 있으니, 역사상 어느 시점에서 왕과 왕비 스스로가 신분 제도의 문제점을 인식했던 걸까요? 그래서 신분제를 없애자는 결단을 내리고 최고 통치자를 국민 투표로 선출하자는 데 동의했을까요? 스스로 왕위에서 물러나 선거에 참여했을까요? 이런 순진한 질문을 들으면 누구나 씁쓸한 미소를 머금겠지요. 도통 상상할 수 없는 일이기 때문입니다. 여러분이 왕이나 여왕이었다면 스스로 왕위를 포기했을까요? 그것을 지키기 위해 모든 수단을 동원했을 겁니다.

문제는 우리가 '왜 현재는 왕이 존재하지 않는가' 라는 물음에 정답을 찾지 않는 데 있습니다. 왕들이 스스로의 권력을 포기하지 않았다는 것을 알면서도, 그 절대 권력이 어떻게 사라졌는가를 직시하지 않습니다. 학교에서 왕들이 재임 기간 이룬 업적을 암기하게 하고, 대중매체 또한 업적 중심의 보도를 일삼은 결과입니다.

여기서 명토 박아 두겠습니다. 왕들의 역사에 마침표를 찍은 힘, 그것은 바로 싸움이었습니다. 인류 역사에 새로운 기원을 연 그 위대한 싸움을 우리는 '시민 혁명' 이라고 부릅니다.

시민 혁명은 어느 날 갑자기 어느 곳에서 우연히 일어난 게 아닙니다. 인류가 걸어온 역사, 특히 신분 제도를 넘어서려는 역사적 사건이 차곡차곡 쌓인 결과였으며, 그 정점이 바로 1789년의 프랑스 혁명입니다.

프랑스 혁명 과정에서 왕 루이 16세와 왕비 마리 앙투아네트는 단두대의 이슬로 사라집니다. 단두대 처형을 잔인하다고 생각한다면, 수천 년에 걸쳐 얼마나 많은 왕들이 왕권을 위협하는 사람들을 잔혹하게 처형했던가를 돌이켜 보기 바랍니다. 혁명이 일어나기 전 프랑스 왕국에서는 절대 빈곤을 견디지 못한 민중이 천한 조각을 훔쳤다는 이유만으로 처형을 당했다지요. 지배 질서에 조금이라도 어긋나는 행동은 싹부터 자르겠다는 엄벌주의가 사회 전체를 짓누르고 있었습니다. 실제 역사를 톺아보아도 왕들은 자신의 지위를 지키기 위해 민중 학살도 서슴지 않았습니다. 양의 동서를 가리지 않고 모든 왕권에서 찾아볼 수 있는 참극이지요.

만일 그 누구도 신분 제도의 부당함에 맞서 싸우지 않았다면 어떻게 되었을까요? 단언하거니와 민주주의 시대는 아직도 열리지 않았을 겁니다. 이것이 민주주의가 싸움인 명쾌한 까닭입니다.

들불처럼 번져 간 농민 봉기, 동학 농민 혁명

우리 역사에도 시민 혁명과 견줄 수 있는 사건, 아래로부터 신분 제도를 혁파하려는 움직임이 있었지요.

1892년(고종 29년) 전라북도 고부군에 조병갑이 군수로 부임합니다. 그는 부임한 이듬해 멀쩡한 저수지 만석보萬石洑를 증축한다며 주민들을 동원했지요. 동원된 주민에게는 아무런 보상도 없었습니다. 게다가 증축을 이유로 주민들에게 수세水稅를 징수해 착복하는가 하면, 아무 잘못 없는 주민에게 죄목을 씌워 재산을 강탈하기도 했습니다. 심지어 인근 지역(태인군)의 군수를 지낸 자신의 아버지 비각을 세운다는 명목으로 금품 1천 냥을 강제 징수했지요.

참다못한 고부 농민들은 군수에게 수세를 내려 달라는 민원을 올리기로 했습니다. 글을 올릴 대표로 뽑힌 사람은 나이 든 농부, 그의 이름은 전창혁이었습니다. 군수 조병갑은 자신의 '권위'에 도전했다는 이유로 전창혁을 형틀에 올렸고 살천스레 '곤장'을 내리쳤습니다. 가혹한 형벌에 시달린 전창혁은 결국 숨을 거두지요.

자, 어떤가요? 잠시 숨을 고르고 상상해 보기 바랍니다. 만일 여러분이 전창혁의 아들이라면 어떻게 했을까요? 마을에서 주민들로부터 신망받던 아버지, 주민들이 자신들의 대표로 뽑은 아버지, 그 아버지가 탐욕스러운 군수 조병갑의 명령으로 매 맞아 죽었다면 당신이라면 어떻게 하겠습니까?

전창혁의 아들, 바로 그가 전봉준입니다. 전봉준은 싸움을 피하지 않았습니다. 군수를 두려워하지도 않았습니다. 포악한 군수에 맞서 분연히 일어섰지요. 사람들을 모으고 신분 제도 철폐와 토지 제도 개혁을 요구하며 온몸 바쳐 싸웠습니다. 종내는 고부군만이 아니라 전라도 일대, 마침내 전국에서 그가 든 깃발에 호응하고 나섰지요. 그만큼 전국이 양반 지배 세력의 가혹한 수탈로 고통받고 있었기 때문입니다.

들불처럼 번져 간 농민 봉기, 바로 그것이 1894년 갑오농민전쟁입니다. 이 전쟁은 동학 농민 혁명이라고도 불리는데요. 싸움의 기반이 '인내천'과 '사인여천'을 고갱이로 한 동학사상이었기 때문입니다. 인내천人乃天은 사람이 곧 하늘이라는 사상으로, 인간의 존엄성을 간명하게 드러냅니다. 사인여천事人如天은 사람을 하늘처럼 섬기라는 뜻으로, 인내천의 윤리 강령이지요. 신분 제도에 대한 준엄한 비판을 담고 있는 이 두 사상은 이 땅에서 움튼 독창적인 민주주의 사상이라고 해도 지나친 말이 아닙니다. 이러한 동학의 혁명적 사상이 갑오농민전쟁의 밑절미가 되었지요.

한편 무도한 백성을 착취하고 억울함을 하소연하던 주민 대표를 곤장으로 때려죽인 탐관오리 조병갑은 어떻게 되었을까요? 그는 재빠르게 전주로 도망쳐 관찰사에게 이 사건을 보고했고, 사실관계가 드러나면서 파면당하고 유배되었습니다. 하지만 조선 왕조가 조병갑에 내린 처벌은 전시용이자 무마용일 뿐이었습니다. 고종은 4년 뒤에 그를 다시 중용하지요. 이에 그치지 않고 조병갑은 1898년 대한제국의 고등재판부 판사로 복귀합니다. 그가 동학교주 최시형에게 사형 선고를 내리는 순간은 참으로 기막힌 역전이지요. 이 땅의 역사가 어떻게 뒤틀리는지를 보여 주는 상징적 사건입니다. 조병갑이 죽인 전창혁과 그의 아들 전봉준의 후손은 여기저기 흩어져 사실상 대가 끊어졌지만, 조병갑의 후손들은 '탄탄대로'를 걸어왔습니다.

다시 갑오농민전쟁 이야기를 해 봅시다. 전봉준과 동학농민군은 삽시간에 전라도 일대를 석권했습니다. 집강소라는 행정 기구를 조직해 '민중의 자기 통치'를 이뤄 냈지요. 그런데 이 땅에서 아래로부터 새로운 시대를 열려는 민중의 싸움은 관군보다 훨씬 강력한 힘과 마주칩니다. 동학 농민군의 기세에 놀란 지배 세력이 외세를 끌어들였고, 호시탐탐 조선을 노리던 일본 제국주의자들은 조선에 들어와 청일 전쟁을 벌입니다. 이어 그들은 근대화된 군사 무기로 동학 농민군을 대대적으로 학살합니다. 최후의 결전이 치러진 곳은 충청도 공주의 우금티. 당시 공주는 충청도 관찰사가 있던 곳이지요. 그곳만 농민군의 수중에 들어오면 그 다음 한양(서울)까지는 이렇다 할 만한 방어물이 없었던 상황이었습니다. 우금티를 넘어 공주로 들어가려던 농민군 주력 부대는 일본군의 기관총 세례에 속절없이 스러졌습니다.

여기서 주목할 것은 한국에서 민주주의를 위한 싸움은 신분 제도의 지배 세력을 대상으로 했을 뿐 아니라, 그들을 통해 자신의 이익을 관철하려는 외세와의 싸움이라는 두 가지 성격을 지녔다는 사실입니다. 조선이 일본 제국주의의 식민지가 되었을 때 그 싸움의 성격은 더욱 또렷해졌지요.

일제 강점기에 류관순으로 상징되는 10대 청소년들이 불 지핀 3·1 운동은 당장 독립을 이루지는 못했지만 한국의 민주주의 역사에서 신기원을 열었습니다. 독립 이후 우리가 세울 새로운 나라가 더는 신분 제도에 바탕을 둔 왕조 국가가 아님을 명확히 선언했기 때문이지요. 따라서 3·1 운동은 민의 나라, 민국民國을 건설하는 데 역사적 합의를 이뤘다는 역사적 의의를 가집니다. 중국에 세워진 망명 정부 이름이 '대한제국'이 아니라 '대한민국' 임시 정부였던 사실이 그 역사적 전환을 입증해 줍니다.

그렇다면 일본 제국주의는 어떻게 이 땅에서 물러났을까요? 안타깝게도 우리가 그들을 쫓아내지 못했습니다. 수많은 선인들이 독립운동 전선에서 싸움을 벌였습니다만, 더 많은 사람들이 일본 제국주의에 순응하거나 혈서를 써 가면서까지 충성을 바쳤지요. 싸움을 벌였어야 할 역사적 전환기에 제대로 싸우지 못한 대가는 컸습니다. 결국 우리는 스스로의 힘으로 일제를 몰아내지 못했기에 일본 제국과 맞선 연합국의 당당한 일원이 될 수 없었지요.

미국과 소련의 연합군이 일본의 항복을 받은 후, 한반도는 미국 국방성의 장군들이 임의로 그은 38도 선에 허리가 잘립니다. 역사적 사실을 볼 때 한반도 분단의 책임은 미국에 있는 게 사실입니다. 다만 그렇다고 해서 우리 내부 요인을 간과해서는 안 됩니다. 일본 제국주의와 맞선 우리 자신의 싸움이 부족했다는 성찰이 절실하고 긴요합니다.

3. 분단 체제에 뿌린 민주주의 씨앗

남과 북으로 갈라진 분단 체제에서 민주주의는 온전히 성숙해 가기 어려웠습니다. 한국 전쟁 이후에 남과 북은 저마다 경직된 체제를 형성해 갔지요.

분단 체제에서 민주주의 발전을 이룬 대표적 사건은 남쪽의 4월 혁명입니다. 청소년들이 앞장서서 민주주의를 요구하며 불타올랐던 4월 혁명은 왜 민주주의가 싸움인가를 여실히 보여 줍니다.

"4월 혁명은 민중의 힘으로 독재자를 타도한 우리 역사상 초유의 쾌거였다. 1960년 4월 혁명에 의해 민중을 우롱하는 독재 정권은 반드시 타도되고야 만다는 우리 역사의 소중한 신화가 창조되었다. 4월 혁명은 단순한 부정 선거에 대한 항의 운동이 아니라 이승만 독재 정권을 지탱한 착취·수탈 구조, 그리고 친일파를 중심으로 한 외세 의존의 매국 정권, 냉전·분단 구조에 대한 민중의 총체적 항거였다."

4월 혁명회가 정리한 4월 혁명론입니다. 4월 혁명회는 혁명의 주체를 자처하던 윤똑똑이들이 지난 50년 동안 시나브로 '변절' 해 갈 때 민주와 통일의 길을 올곧게 걸어온 사람들의 모임입니다.

4월 혁명 직전인 1960년 2월 13일 시점에서 본다면, 이승만 정권은 명백한 반민주, 반민족 정권이었습니다. 이승만 정권의 장관 12명 가운데 독립운동 출신자는 한 명도 없었으며, 그중 절반은 일본 제국주의에 부닐던 관료 출신이었습니다. 또한 그 당시까지 대한민국 역대 육군 참모 총장은 8명 전원이 일본군 장교 출신이었으며, 경찰 간부의 80퍼센트 이상이 일제 경찰 출신이었지요.

역사를 바꾸는 변혁은 차곡차곡 축적되어 가다가 어느 시점에 이르면 작은 틈새를 타고 폭발적으로 분출됩니다. 일제 잔재를 청산하기는커녕 그 악습을 온전히 이어받은 반민족 정권이 민주주의의 뿌리인 선거를 조작하며 주권을 유린하고 나섰을 때, 4월 혁명은 터져 나왔습니다.

혁명의 싹을 틔운 주체는 바로 10대 청소년들이었습니다. 대구에서 열린 야당 후보의 선거 유세에 군중이 모이는 걸 막기 위해 일요일에도 등교 명령을 내린 것, 그것이 민주주의 혁명을 분출하게 한 '작은 틈새'였습니다.

1960년 2월 28일, 대구의 경북고, 대구고, 대구사대부고, 경북여고 학생 2천 명은 당찬 걸음으로 대구 시청을 향해 행진합니다. "학원의 자유를 달라", "일요 등교 웬 말이냐" 구호를 외치며 시위를 벌였지요. 경찰은 학생 250여 명을 줄줄이 연행했고 부상당하는 학생도 속출했습니다.

이날 경북고등학교 학생 일동 이름으로 발표된 결의문은 들머리에서 "인류 역사에 이런 강압적이고 횡포한 처사가 있었던가?"라는 물음을 던졌습니다. 이어 "오늘은 바야흐로 주위의 공장 연기를 날리지 않고, 6일 동안 갖가지 삶에 허덕이다 쌓이고 쌓인 피로를 풀 날이요, 내일의 삶을 위해, 투쟁을 위해 그 정리를 하는 신성한 휴일이다. 그러나 우리는 이 하루의 휴일마저 빼앗길 운명에 처해 있다"고 선언했습니다.

4월 혁명은 그렇게 여울여울 타오르기 시작했습니다. 대구 청소년들의 거리 행진은 전국의 10대들, 민주 시민들이 독재 권력에 저항하고 나서는 신호탄이었습니다. 대구의 불길을 이어받은 곳은 마산. 1960년 3월 15일 대통령·부통령 선거 날, 이승만 정권이 유권자를 조작하고, 사전 투표까지 저지른 사실이 드러나면서 학생들과 시민들이 분연히 일어났습니다. 그들은 마산 시청으로 모여들었고, 경찰은 무고한 학생과 시민들을 겨눠 발포했습니다. 그날 그 자리에서 8명이 숨지는 참극이 벌어집니다.

혁명의 불길이 활활 타오른 날은 4월 11일이었습니다. 이날 마산 중앙 부두 앞바다에 10대의 주검이 떠올랐습니다. 눈에 최루탄이 박힌 참혹한 모습, 그는 3월 15일 시위 때 행방불명된 김주열이었습니다. 열일곱 살 청소년이 정권에 의해 짓밟힌 모습에 분노한 학생과 시민 3만여 명은 곧장 시위에 나섰습니다. 경찰은 그들을 향해 다시 총을 쏘았습니다. 시민 2명이 숨지고 14명이 중경상을 입었지요. 경찰은 1천여 명을 검거했습니다. 이승만 정권은 "마산 사건은 북괴 간첩이 양민을 선동하여 일으킨 난동"이라면서 "부화뇌동하면 가차 없이 처벌하겠다"고 으름장을 놓았습니다. 하지만 민주 시민들은 독재 정권의 서슬 푸른 협박에도 투쟁을 멈추지 않았습니다.

싸움은 마침내 서울로 번졌습니다. 4월 18일 고려대 학생 시위에 정치 깡패들이 만행을 저지르면서 10대의 정의감이 폭발했지요. 다음 날인 4월 19일의 시위를 점화한 주체도 고등학생이었습니다. 서울 대광고의 시위대를 비롯해 20만 초·중·고·대학생과 시민들이 광화문과 중앙청, 국회의사당 앞으로 모였습니다. 그 가운데 수천 명이 청와대(당시 이름은 경무대)로 진격하자, 독재 정권은 저항하는 민중을 조준해 거침없이 발포했습니다.

이승만 정권은 오후 1시 서울 일원에 경비계엄을 선포하고, 오후 5시에는 전국에 비상계엄을 선포했습니다. 학생과 시민은 결코 굴복하지 않았습니다. 부통령 이기붕의 집을 습격하고 반공회관과 정부 기관지인《서울신문》사옥에 불을 질렀고, 중앙 제1방송국에 잠입했으며 파출소를 파괴했지요. 시위대가 민주주의를 요구하며 반공회관과 여론을 왜곡한 신문사를 불 지른 일은 우연이 아닙니다. 민주 시민들은 누가 대한민국의 민주주의를 가로막고 있는가를 또렷하게 인식하고 있었습니다.

이날 시위는 서울뿐 아니라, 전국 골골샅샅에서 일어났으며, 4월 20일 새벽까지 이어졌습니다. 그 과정에서 수백여 명이 사망하는 참극이 벌어졌지요. 이승만이 마지못해 하야한 뒤에도 싸움은 멈추지 않았습니다. '혁명'의 이름을 얻은 싸움은 크게 세 방향으로 전개됩니다.

첫째, 민주주의 심화입니다. 4월 혁명은 부정 선거에 대한 저항에서 시작했지만, 민주주의를 한 단계 더 나아가게 하려는 운동으로 이어졌습니다. 무엇보다 먼저 주목할 것은 교원노조 운동입니다. 4·19 이후 최초의 민주화 운동이 노동 운동, 그것도 교원노조 운동이었다는 사실은 여러 모로 의미하는 바가 큽니다. 교원노조는 관권으로부터 교육의 독립, 학원의 민주화를 요구했지요.

1960년 5월 7일, 4·19 혁명의 시발점이 된 고등학생 시위가 일어난 대구에서 처음으로 '교원노동조합'이 등장했고, 7월 17일에는 '한국교원노조총연합회'가 출범했습니다. 교원노조의 출범에 이어 노동조합을 결성하려는 움직임이 곳곳에서 나타납니다. 민주주의 발전이 노동 운동, 교육 운동과 긴밀하게 연관돼 있다는 사실을 구체적 현실로 보여 준 사례이지요.

진실을 밝히려는 운동도 벌어집니다. 이승만 정권 아래서 거창, 산청, 문경, 영덕, 남원, 순창, 함평, 영암을 비롯해 골골샅샅에서 학살당한 민간인 유족들은 학살의 진상을 폭로하고 정부의 책임 있는 해명과 사후 처리를 요구하는 운동을 전개해 갔지요. 학살의 진상을 밝히려는 운동은 인권 운동인 동시에 민족 운동의 성격을 지니고 있었습니다.

둘째, 민족 경제 요구입니다. 이승만 정권이 무너지고 집권한 민주당 정부는 한국 경제를 전적으로 미국에 의존하는 한미경제협정을 추진해 기어이 체결했습니다. 한미경제협정을 통해 미국은 한국의 재정·예산·무역·경제 개발 사업을 아무런 제약 없이 '감독'할 수 있게 되었습니다. 또한 미국은 한국 경제를 일본과 묶으려고 한일 국교 정상화를 강력히 요구했지요. 이에 4월 혁명에 나섰던 학생과 시민단체는 미국이나 일본과의 대외 관계에서 민족 자주성을 요구하고 "미국과 일본의 경제적 재침 기도를 배격"하고 나섰습니다.

셋째, 통일 운동 확산입니다. 미국에 노골적으로 의존하는 민주당 정권의 실체가 드러나면서 학생과 민주 시민들은 자주적인 민족 통일 운동의 필요성에 공감합니다.

그 시작으로 1960년 9월 3일, 진보적 정당과 사회단체들은 '민족자주통일중앙협의회'를 발기, 자주·평화·민주의 3대 원칙을 고갱이로 한 통일 방안을 발표했습니다. 11월과 12월에는 대학마다 민족통일연맹을 결성했지요.

1961년 5월 3일, 서울대 민족통일연맹이 남북학생회담을 정식으로 제의했고, 이틀 뒤에 전국 18개 대학과 1개 고등학교가 '민족통일전국학생연맹'을 꾸려 남북학생회담을 지지하는 결의문을 채택합니다. 통일을 염원하는 마음을 한데 모은 것이지요. 이어 5월 13일에 서울 운동장에는 5만여 명이 집결해 '남북학생회담 환영 및 통일 촉진 궐기 대회'를 열고 서울 시내로 행진했습니다. 당시 거리를 가득 메운 구호는 "나가자, 통일의 광장으로!" "통일만이 살 길이다!", "가자, 북으로! 오라, 남으로! 만나자, 판문점에서!"였지요.

4월 혁명 진적인 1959년 7월 진보당 당수 조봉암이 '평화 통일'을 주장했다는 이유로 사형당한 사실에 견주면, 남북 대화를 요구하는 전 국민적 운동이 전개된 사실은 획기적 진전이 분명합니다.

4.19 혁명, 그 끝나지 않은 싸움

4월 혁명이 이승만 정권의 하야 뒤에도 민주주의와 민족 경제,

남북 통일의 방향으로 흘러가자, 본디 친일 지주 세력을 기반으로 한 민주당은 위기 의식을 느꼈습니다. 이승만 정권과 손잡고 억압적인 분단 체제를 형성했던 세력의 위기감은 더 컸지요. 미국의 반응 또한 민감했습니다.

민주주의, 민족 경제, 남북 대화로 익어 가던 4월 혁명이 1961년 5·16 군부 쿠데타로 파국을 맞은 배경에는, 분단 체제가 무너지는 데 위기를 느낀 안팎의 세력이 똬리 틀고 있었습니다. 민주주의와 민족 경제, 남북 대화가 그로부터 반세기를 지난 오늘도 여전히 시대적 과제로 남아 있는 현실을 짚어 보면, 군부 쿠데타의 성격을 더 깊이 인식할 수 있지요.

흔히 간과하기 쉽지만 미국은 4월 혁명에 깊숙이 개입했습니다. 그 개입은 이승만 정권의 하야를 촉진했다는 점에서 일면 긍정적으로 평가할 수도 있지요. 지금까지 그런 평가가 지배적이었습니다. 하지만 혁명의 전개 과정을 냉철하게 톺아보면 우리는 새로운 사실을 발견할 수 있습니다.

1960년 당시 미국은 한국을 동북아시아의 '반공 보루'로 인식했습니다. 1958년 1월 31일 초안된 군사 기지와 신형 무기에 관한 국무부의 비밀문서나 1958년 5월 28일 작성된 국가안보회의 자료에 따르면, 미국은 주한 미군 '현대화'라는 이름 아래 핵무장을 합니다. 사실 이는 소련을 겨냥한 전략적 대응이었어요. 소련이 1957년 대륙간 탄도미사일ICBM 실험에 성공했기 때문입니다.

해제된 국가 기밀문서에 따르면, 미국은 한국에 핵무기를 배치

함으로써 "한반도 분단 체제 유지의 중요성"을 소련에 인식시켰다고 합니다. 당시 미국 정부가 한국과 일본 정부에 국교 정상화를 요구한 사실도 같은 맥락입니다. 한국 경제에 대한 지원을 일본과 분담하려는 미국의 의도가 명확히 드러나는 대목이지요.

요컨대 미소 냉전 체제에서 한국은 미국이 주도하는 자본주의 세계의 '진열장'이자, 미국의 대소 전진 기지였습니다. 미국은 철저하게 자신의 필요에 따라 한국을 쥐락펴락하려고 궁리했습니다. 자신의 기지가 내부적으로 흔들리는 걸 막으려고 언제나 골몰했지요. 그 속내를 조금 더 살펴볼까요?

한국의 학생들과 민주 시민이 줄기차게 민주주의를 요구하고 그것이 확산되는 과정을 지켜보면서 미국은 "정치적으로 안정되고 군사적으로 강력한 친미 반공 국가"로서 한국의 전략적 목표가 위협받고 있음을 감지합니다. 쉽게 말해 이승만 정부가 자신들의 목적에 부합하지 못하리라고 판단했지요.

1960년 4월 2일 주한 미국 대사가 국무부에 보낸 전문은 몹시 흥미롭습니다. 한국은 미국의 "피와 돈"이 많이 투자되었을 뿐 아니라 미국의 평판과 안보가 심각하게 걸려 있는 곳이라고 적시되어 있습니다. 이어 미국이 세계 다른 어느 곳보다 한국에서 능동적으로 대처해야 한다고 건의하고 있어요. 여기서 주목할 것은 주한 미국 대사가 한국의 '관리들'과 함께 '군부 인사들'을 꼽으며 그들 사이에도 "억압적으로 권력을 유지"하려는 이승만 정권에 불만이 높아지고 있다고 보고한 대목입니다.

4월 17일, 미국 대사의 전문은 더 급박합니다. 그는 점점 커 가는 민중의 분노가 공공연한 폭력으로 발전함으로써 공산주의자들에게 이용당할 수 있는 "가장 위험한 추세"로 급변할 수도 있다고 분석했지요. 따라서 "더욱 강력한 비상수단을 취해야 한다"고 건의했습니다. 이어 4월 19일 미국 대사는 긴급 요청으로 이승만 대통령을 만납니다. 미 대사는 "지금은 공산주의자들이 가담하고 있지 않지만 신속한 대응책이 취해지지 않는다면 그들이 폭발적인 현 상황을 이용할 위험"이 있다고 경고했지요. 동시에 "안전하고 안정된 작전 기지를 유지하는 중대한 (미국의) 이익도 위험에 빠져 있다"고 추궁했습니다.

놀랍게도 당시 미국은 군부의 정권 인수 가능성도 검토하고 있었습니다. 그런 '검토'를 한다는 사실을 한국의 군부와 언론계, 학계를 비롯한 "각계각층 지도자들"에게 알렸다는 점도 눈여겨볼 대목이지요.

이승만이 하야 성명을 발표한 뒤 미국은 더 노골적으로 내정 간섭에 나섰습니다. 1960년 4월 27일 미 국무부는 주한 미국대사관에 전문을 보내, '과도 정부'로 하여금 일본과 관계 개선을 추진하도록 압박했어요. 대학 교수들에게는 학생들의 '데모 방지'에 힘쓸 것을 주문했지요. 미국은 또 "미국과 전반적인 자유 세계의 안보 이익을 위해서" 가능한 현 상태를 유지해야 하며, "좌익 분자들이나 진보 세력"의 집권을 방지하기 위해 자유 공정 선거를 최대한 늦춰야 한다고 판단했습니다.

여기서 우리는 4월 혁명이 민주주의 심화와 민족 경제, 남북 대화를 요구하는 싸움으로 퍼져 갈 때 미국의 불안감이 얼마나 커져 갔을까를 충분히 짐작할 수 있습니다. 한 예로 미국은 1960년 11월 16일 연세대 학생들이 미국인 이사장과 총장 서리의 본국 소환을 외치며 미국 대사관 앞에서 시위를 벌인 사실을 민감하게 받아들였습니다.

1960년 11월 22일, 미국 중앙정보국CIA과 국무부, 육군, 해군, 공군, 합동참모본부의 정보기관들이 공동으로 작성한 한국에 대한 전망 평가서를 볼까요? 미국의 정보 책임자들은 한국에서 혁명 세력이 아직 잠복 중이며, 정치 지도자들 사이에 세력 개편이 일어나면 진보 세력의 영향력이 커지리라 전망합니다. 또한 장면 정권이 직면한 크고 많은 문제들에 비춰 보아, 장면이 앞으로 2년 간 실질적 다수당을 유지하기 어렵겠다고 분석합니다. 결국 미국은 결단력이 부족한 장면이 한국의 정치 안정과 미국의 안보 이익을 지켜 줄 수 있는 적합한 인물이 아니라고 판단하여 그의 '교체'를 계획합니다.

미국 정보기관들의 전망에 입각해 1960년 11월 28일 국가안보회의가 작성한 미국의 대한 정책 보고서를 살펴볼까요. 미국의 안보 이익과 일치하는 조건으로 한국의 통일을 추진하고, 특히 학생들과 지식인, 노동 운동가들 사이에 커져 가는 민족주의 의식을 '개혁과 개발 계획에 대한 지지'로 연결시켜 그들이 사회주의나 중립주의로 기울어지지 않게 유도하도록 제시하고 있습니다.

미국이 군부 쿠데타에 직접 개입했다는 명시적 증거는 아직 발견되지 않았습니다. 하지만 육군 소장 박정희가 주도한 쿠데타가 일어났을 때 미국은 이를 반대하지 않았지요. 무엇보다 눈여겨볼 대목은 4월 혁명이 민주주의 심화, 민족 경제와 남북 대화를 요구하는 싸움으로 번져 가던 시점에 쿠데타가 일어났다는 사실, 그 뒤 50년 넘도록 당시 미국 정부와 정보기관들의 의도가 현실로 관철되고 있다는 엄연한 진실입니다. 정도의 차이는 있지만 미국의 안보 이익에 부합하는 정부들이 계속 들어섰고, 영향력이 크게 커질까 걱정했던 진보 정치 세력은 탄압과 마녀사냥으로 제대로 성장하지 못했습니다.

그렇지만 4월 혁명 과정과 그 이후 반세기의 역사에서 미국의 영향력을 너무 지나치게 설정하지 않도록 주의해야 합니다. 마치 미국이 모든 걸 통제하고 있다는 판단은 바람직하지 않고, 현실도 아니니까요. 군부 쿠데타 이후 박정희-전두환-노태우-김영삼 정권으로 이어지면서 미국의 논리가 우리 사회에 구조화된 것은 사실입니다. 심지어 김대중-노무현 정부에서도 미국의 논리는 '세련된 형태'로 관철되었지요. 남북 대화는 큰 진전이 있었지만 미국이 주도하는 신자유주의적 세계화가 우리 사회에 전면적으로 확산되었으니까요. 이명박 정부가 들어선 뒤 그나마 김대중-노무현 정부 아래서 추진되었던 남북 대화도 후퇴하고 노동 운동 탄압은 더욱 커져 가고 있습니다.

그럼에도 4월 혁명의 싸움이 뿌린 씨앗은 박토에서도 지며리 커

왔습니다. 1960년대와 70년대를 거치며 학생 운동은 물론, 노동 운동, 농민 운동, 통일 운동이 퍼져 갔지요. 1979년의 부마 항쟁과 1980년의 광주 5월 항쟁, 1987년 6월 대항쟁, 7·8월 노동자 투쟁으로 연면하게 이어진 민중의 싸움, 민주주의를 구현하려는 싸움은 4월 혁명의 위대한 혁명 정신을 모태로 하고 있습니다.

4월 혁명 뒤 싸움의 전개 과정을 큰 틀에서 보면 민주주의, 민족 경제, 남북 대화의 흐름과 그와 반대되는 흐름 사이의 갈등과 싸움으로 풀이할 수 있는데요. 두 갈래 세력의 반목과 갈등은 아직 끝나지 않았습니다. 이것이 바로 한국 현대사에서 미국의 힘과 영향력을 과도하게 평가해서는 안 될 이유입니다. 이 싸움에 마침표 찍을 사람은 누구일까요?

분단 체제에서 일어난 '민주주의 싸움'인 4월 혁명은 이후의 투쟁으로 줄기차게 이어졌지만 아직 뜻을 이루지 못했습니다. 미완의 혁명이지요. 혁명 정신의 고갱이인 민주주의의 성숙은 물론, 민족 경제의 정립도 남북 대화를 통한 통일도 구현하지 못하고 있습니다. 이것이 4월 혁명을 단순히 회고만 할 수 없는 이유입니다. 지금도 고통 받고 있는 민중, 분단된 겨레에게 4월의 혁명, 민주주의 싸움은 '진행형'입니다.

무릇 시민 혁명부터 이어진 민주주의의 싸움은 앞선 세대들이 흘린 피를 토대로 그 양상이 달라지고 있습니다. 민주적 제도를 활용하는 싸움이 시작됐지요. 대표적인 예가 바로 투표입니다.

모든 사람이 투표권을 가지면서 선거를 통한 선거 혁명이 가능해졌습니다. 베네수엘라의 차베스 정부를 살펴볼까요? 우고 차베스 대통령은 1998년 선거를 통해 집권한 뒤, 외국 자본이 장악했던 석유를 과감하게 국유화하고 부익부 빈익빈을 줄여 가는 정책을 펼쳤지요. 물론 차베스의 개혁이 순탄하지만은 않았습니다. 차베스의 혁명적 정책 전환에 반대하는 기득권 세력은 집요했거든요. 마침내 2002년 4월, 베네수엘라 경제를 지배하는 세력과 군의 상층부는 차베스를 몰아내는 쿠데타를 일으킵니다. 그들은 선거로 뽑힌 대통령을 퇴임시킨 뒤 상공회의소 의장을 대통령으로 옹립했습니다. 미국 백악관이 쿠데타에 동의했다는 사실은 놀랍지 않습니다. 미국이 사실상 장악하고 있는 국제통화기금IMF은 쿠데타 직전에 "베네수엘라의 과도 정부에 대해서라면" 기꺼이 자금을 대출해 주겠다고 공언했으니까요. 명백히 쿠데타를 부추기는 행태였지요.

하지만 쿠데타 성공을 자축하며 술잔을 들던 반민주 세력은 미처 예상하지 못한 난관에 부딪힙니다. 다름 아닌 국민의 저항이었지요. 베네수엘라 빈민층을 중심으로 한 차베스 지지자들은 일제히 거리로 나와 대규모 시위를 벌였고, 여기에 군의 하급 지휘관들도 동조하고 나섰습니다. 쿠데타는 '2일 천하'로 끝이 나지요. 민중의 지지를 바탕으로 차베스는 다시 대통령직에 복귀합니다.

이 빛나는 싸움은 선거 혁명으로 집권한 차베스가 그를 지지하는 국민과 끊임없이 소통했기에 가능했습니다. 차베스는 베네수엘라를 바꿔 가는 과정에서 중요한 사안은 언제나 국민투표로 결정했습니다. 국민투표 과정에서 주민자치모임을 통해 활발한 토론이 이뤄졌다는 사실도 주목해야 합니다.

민주적 제도를 활용하는 싸움의 관건은 '여론'입니다. 여론은 대화와 토론으로 형성되지요. 그렇다면 이제부터 왜 민주주의가 대화인가를 이야기해 보도록 하죠.

4월 혁명과 촛불 항쟁

무릇 역사는 단순한 과거가 아닙니다. 흔히 말하듯이 '과거와 현재의 대화' 입니다. 새롭게 전개되는 역사적 현재에서 미처 몰랐던 과거의 '씨앗' 을 발견할 때, 그 말을 새삼 실감할 수 있습니다.

1960년 4월 혁명을 10대 학생들이 불 지핀 사실은 2008년 촛불 항쟁과 견주어 흥미로운 진실을 알려 줍니다. 이승만 정권이 학생들에게 일요일을 빼앗았을 때, 그것이 혁명의 도화선이 되리라고는 아무도 생각하지 못했습니다. 촛불 항쟁도 마찬가지입니다. 촛불의 주된 계기는 광우병 위험이 있는 미국산 쇠고기를 전면 수입하는 굴욕적 협상에 있었지만, 그것을 촉발한 지점은 다른 데 있었습니다.

2008년 4월에 이명박 정부는 중고등학교에 경쟁과 규율을 더 강화하겠다고 나섰지요. 촛불을 들고 나선 고등학생들이 '미친 교육'에 항의하며 "경제 살리기 전에 우리 목숨부터 살리라"고 절규한 사실은 4월 혁명 출발점 때 외친 "일요 등교 웬 말이냐"와 어금지금합니다.

그래서일까요. 1960년 2월 28일 경북고 학생들의 결의문에서 촛불을 언급한 대목이 우리의 눈길을 모읍니다. 결의문은 "우리 100만 학도는 지금 이 시각에도 타골의 시를 잊지 않고 있다"고 밝힌 뒤, 시 한 구절을 인용했지요.

"그 촛불 다시 한 번 켜지는 날, 너는 동방의 밝은 빛이 되리라."

그뿐이 아니지요. 1960년 3월 18일 '민주수호학생일동' 명의로 발표된 격문은 싸움의 끝이 어떠해야 하는가를 상징적으로 제시해 줍니다. 격문은 "국민의 주권은 땅에 떨어졌다! 자유당의 무더기 투표 덕분으로 국민 주권 잃어버렸다!"고 고발하고 "다시 찾자, 국민 주권!"을 외치며 "국민이여 궐기합시다!"라고 호소했습니다.

1960년의 "국민 주권" 외침은 2008년 촛불 항쟁에서 대한민국의 "모든 권력은 국민으로부터 나온다"는 '헌법 제1조'의 노래로 부활했지요. 공화국의 주권이 참으로 국민에 있는 새로운 사회를 일궈 내는 '주권 혁명'의 길은 4월 혁명의 싸움에서 비롯한다는 사실을 새삼 발견할 수 있습니다.

촛불 항쟁의 시작이 4월 혁명의 출발점처럼 10대들의 순수한 열정과 싱그러운 감성이었다는 사실은 앞으로 우리가 나아갈 길에 상상력을 불러일으킵니다. 1960년과 2008년, 10대들이 목 놓아 부르짖은 민주주의, 모든 권력이 국민으로부터 나오는 민주주의가 아직 대한민국에 구현되지 못했기 때문입니다.

민주주의는 인생이라는 명제에서 살펴보았듯이 오늘의 10대들이 학교에서 창백한 생활을 하는 이유도 우리가 아직 그 민주주의를 제대로 구현하지 못했기 때문입니다. 이는 단순히 지나온 과거의 문제나 곧 지나갈 현재의 사건에 그치지 않습니다. 앞으로 전개되는 삶 속에서 어떻게 살아갈 것인가의 문제는 2008년 대한민국을 환히 밝혔던 촛불 항쟁, 더 거슬러 올라가 4월 혁명과 맞닿아 있습니다. 저 4월의 눈부신 싸움에서 우리가 얻어야 할 생생한 교훈입니다.

3장 민주주의는 대화다

신문 - 방송의 틀을 벗어나 대화하고 토론하라

"대화는 싸움에서 이기기 위한 조건입니다.
같은 시대를 살아가는 사람들의 공감을 얻지 못하면
어떤 싸움도 성공할 수 없습니다.
지지를 받을 수 없고 힘도 모아지지 않기 때문이지요.
민주주의 싸움이 이기려면 동시대인과 대화를 통해
정치의식을 공유하고 있어야 합니다.
대화는 공론장과 여론의 출발점이지요."

1. 시민 혁명이 그때 성공한 이유

 바로 앞 장에서 "민주주의는 싸움"으로 정의 내리고 여기서 "민주주의는 대화"라고 정의 내리기란 모순 아닌가, 싸움과 대화라는 서로 반대되는 정의가 가능한가. 그런 의문을 가질 수도 있겠습니다.
 그런데 민주주의가 싸움이라 할 때 그 말의 반대말은 무엇일까요? 대화가 아니라 굴종입니다. 마찬가지로 민주주의를 대화라 할 때, 그 반대말은 싸움이 아닌 침묵입니다. 민주주의는 일방적 훈화가 아니라 쌍방의 대화입니다. 강요당한 침묵이 민주주의일 리는 없겠지요.
 인터넷 공간에서 현직 대통령을 겨냥해 마음껏 조롱을 퍼부을 수 있는 젊은 세대는 상상할 수 없는 일이겠지만, 1970년대만 하더라도 대통령 비판은 엄격한 금기였습니다. 친구끼리 모인 술자리에서 '대통령 박정희'를 비판했다는 이유만으로 경찰에 끌려가는 일이 비일비재했으니까요. 무슨 명목으로 잡아갔냐구요? 다름 아닌 '국가보안법 위반 혐의'였지요. '막걸리 보안법'이라는 말이 나돈 이유입니다.

대화를 원천적으로 봉쇄한 체제는 신분 체제이거나 독재 체제입니다. 민주주의와는 거리가 멀지요. 지배자와 피지배자 사이에 근본적 차이를 두는 신분 체제, 독재자만이 옳고 다른 사람은 모두 '시대착오적' – 이 말은 박정희가 자신의 반대 세력을 가혹하게 탄압할 때 즐겨 쓰던 표현입니다 – 인 세상에서 대화는 불가능할 수밖에 없습니다. 민주주의가 말뜻 그대로 민중의 자기 통치라면, 그 핵심은 바로 대화입니다. 그렇다면 대화가 어떻게 싸움과 나란히 민주주의의 빛깔일 수 있는지 좀 더 자세히 살펴볼까요.

우리는 앞서 민주주의가 토지에 기반을 둔 중세 신분 제도를 혁명으로 넘어선 역사를 간추려 보았습니다. 절대 왕정의 지배자였던 왕과 왕비의 목이 단두대 서슬에서 이슬이 된 의미를 짚어 보았지요. 그런데 시민 혁명을 짚으며 우리는 한 가지 중요한 문제를 해명하지 않고 남겨 두었습니다. 프랑스 혁명이 왕의 목을 자르고 민주주의를 여는 데 성공할 수 있었던 요인은 무엇인가라는 물음이 그것입니다. 스파르타쿠스가 그랬듯이 역사에서 언제나 실패했던 아래로부터의 저항이 어떻게 1789년에는 열매를 맺을 수 있었을까요?

물론 왕이 민중의 저항으로 목숨을 잃은 사건은 프랑스 혁명 전에도 일어났습니다. 유럽만이 아니라 동아시아의 역사에서도 왕이 권좌를 잃은 사례를 얼마든지 찾아볼 수 있지요. 한국에서도 마찬가지입니다. 하지만 그것은 왕이 다른 왕으로 교체되는 사건에 지나지 않았지요. 프랑스 대혁명은 단순한 왕, 또는 왕조의 교체가 아니라 왕의 통치를 끝장내는 민주주의 혁명의 시작이었습니다.

어떻게 그게 가능했을까요? 이전의 실패 경험을 통해 혁명에 필요한 조건을 살펴봅시다. 스파르타쿠스의 반란이 실패했던 가장 큰 이유는 당대를 살아가던 사람들의 정신을 사로잡을 민주주의 사상이 없었다는 데서 찾을 수 있습니다. 바로 그렇기에 광범위하고 깊은 신념을 공유할 수 없었지요. 스파르타쿠스를 비롯한 검투사들은 폭넓은 지지를 얻을 수 있는 조직적 역량과 사상을 갖고 있지 못했습니다. 그렇다고 해서 그것을 단순히 개개인의 역량 차이만으로 풀이하는 분석도 옳지 못합니다. 역사적 조건을 고려해야 정확히 볼 수 있으니까요.

민주주의로 나아가는 혁명이 성공하기 위해서는 많은 사람이 공감할 수 있는 조건이 필요합니다. 그러려면 같은 시대를 살아가는 사람들이 서로 의견을 나누는 대화의 마당이 일상적으로 열려 있어야겠지요. 대화는 표현의 자유를 전제합니다. 표현의 자유는 생각의 자유, 사상의 자유와 맞닿아 있지요. 본디 'dialogue'에 의논이나 토론이라는 뜻이 담겨 있듯이 '대화'에는 토론이 따르게 마련입니다.

근대 민주주의 사회의 출현은 획일적 사상을 강요했던 중세와 달리, 대다수 사람들을 문맹의 상태로 몰아넣고 표현의 자유까지 억압했던 암흑기와 달리, 사회 구성원 대다수인 민중이 표현의 자유를 바탕으로 자유롭게 대화를 나눌 수 있는 마당을 확보하는 과정과 맞물려 있습니다. 유럽에서 공론장이 생겨난 게 그 출발점입니다.

공론장은 한 사회의 모든 사람이 참여해서 그 사회의 문제점을 풀어 가는 마당입니다. 이 공간을 통해 귀족 계급이 독점하고 있던 정치의 세계가 대다수 민중에게 활짝 열렸지요. 하지만 모든 사람이 공론장에서 대화하기 위해서는 개인의 주관적 의지뿐 아니라 그것을 가능하게 해 주는 기술적 토대가 필요합니다. 프랑스 혁명 당시에는 바로 그 기술적 토대, 대중매체가 존재했다는 사실이 중요합니다.

상공업을 기반으로 한 자본 형성과 대중매체의 출현

어떻게 시민 혁명의 역사적 조건이 성숙했는가를 톺아보려면, 15세기 초반의 유럽으로 시선을 옮겨 가야 합니다.

당시 유럽은 토지를 소유한 봉건 영주들이 기독교 성직자들과 더불어 '고귀한 신분'으로 지배 세력을 형성하고 있었지요. 유교, 특히 주자학에 바탕을 둔 양반 계급이 지배했던 조선과 다를 바 없었습니다. 여기서 잠깐 조선과 중세 유럽의 차이점을 살펴볼까요. 중앙 집권 체제를 확고히 갖춘 조선과 달리 유럽의 여러 지역은 봉건 영주들로 분권화해 있었습니다. 중세의 기준으로 본다면 조선은 '선진 체제'를 갖추고 있었지요. 실제로 한국학을 공부하는 외국 학자들 가운데 당대의 조선이 갖춘 중앙 집권 체제를 보고 놀라움을 금치 못하는 사람도 있습니다. 비록 중세의 기준이지만 우리가 한때 가장 선진적인 정치 체제를 갖추고 있었다는 사실은 자부할 만합니다.

한편 일찌감치 중앙 집권 체제를 완성한 조선 왕조의 양반 계급은 '사농공상'이라는 엄격한 이데올로기적, 물리적 통제로 상인과 공인들을 '효율'적으로 억압했지요. 그래서 상공인들이 성장할 수 없었습니다. 반면 유럽 봉건제에서는 권력이 중앙에 집중되지 않고 지역별로 분산되어 있었기 때문에 상인과 수공업자들이 세력을 키워 갈 수 있는 틈새가 있었습니다. 농지에 속박되지 않은 상인들 사이에 왕성하게 교역이 이루어졌고, 농기구를 비롯한 생활 필수품, 칼이나 창, 방패, 수레를 만드는 공인(수공업자)들도 갈수록 활기를 얻어 갔습니다. 공인들의 생산품이 늘어나자 상인들의 교역 활동도 넓어지는 순환 구조가 시장을 형성하기에 이르지요.

때마침 항해술의 발달을 바탕으로 이른바 '지리상의 발견'이 이루어져 해외 무역도 활발하게 벌어졌습니다. 기실 콜럼버스가 미국 대륙을 발견했다는 주장은 이미 그곳에서 수천 년 동안 살았던 인디언을 생각하면 황당한 주장이지요. 어쨌든 무역의 확대로 시장은 크게 확장됩니다.

15세기 후반에 이르러선 상인과 수공업자들을 중심으로 자본이 형성됩니다. 제조업이 급성장하는 데 특히 주목할 업종은 인쇄업과 제지업입니다. 당시 인쇄업은 단순한 제조업 이상의 의미를 가집니다. 가령 1517년부터 1520년 사이에 마르틴 루터의《95개조 의견서》는 30판을 거듭하며 30만 부가 넘게 팔렸습니다.

만일 인쇄 기술이 발전하지 않았다면, '면죄부'의 허점과 부당함을 조목조목 비판한 루터의 사상은 널리 퍼져 나가지 못하고, 그로부터 불붙은 종교 개혁 또한 역사를 바꾸지 못했을 터입니다. 인쇄술을 단순히 기술이 아니라 인쇄 혁명으로 부르는 까닭, 그 발명자의 이름을 빌려 '구텐베르크 혁명'이라 부르는 이유가 여기 있습니다.

인쇄술이 개발되고 제지술이 보급되면서 프로이센(독일), 러시아, 이탈리아, 네덜란드, 스페인, 영국에서 비정기적인 인쇄 신문이 선보이기 시작합니다. 최초의 정기 생산(발행) 꼴을 갖춘 신문이 등장한 곳은 동서양 교통의 중심이자 중계지였던 이탈리아 베니스였습니다. 1536년 베니스의《가제트》를 시작으로, 곧이어 독일에서도 주간 신문《레라치온》이 발행됩니다. 이후 네덜란드, 이탈리아, 영국으로 주간 신문 창간이 곰비임비 이어졌지요. 발간 초기에는 상업 정보만 담았던 신문들은 어느 순간부터 정치적 주장까지 '정보'로 담기 시작합니다. 서서히 오늘날의 신문 꼴을 갖춰 가게 되었지요.

17세기 후반에 우편 제도가 발전하자 드디어 일간 신문이 등장합니다. 1650년 독일의 라이프치히에서 서적 상인이 세계 최초의 일간 신문 《아이코멘데 자이퉁》을 발행했지요. 그 뒤 유럽의 여러 나라에서 일간 신문이 줄이어 출현합니다.

신문이 상업적으로 성공하자 상공인들은 상품에 대한 정보는 물론, 자신들의 이해관계가 얽힌 정치 사회적 정보와 의견들을 '뉴스'로 담기 시작합니다. 그동안 카페나 선술집에서 개인적으로 의견을 나누거나 사적인 편지 교환과 저작 활동으로 이뤄지던 '대화', 정치 사회적 담론들이 신문이라는 정기 발간물에 실리게 됐습니다.

바로 이것을 공적인 대화가 이뤄지는 공론의 마당, 줄임말로 '공론장' public sphere이라 부릅니다. 신문이라는 공론장을 통해 상공인들은 국가의 정치적 의사 결정 과정의 한 주체로서 당당하게 대화를 나누기 시작했습니다. 이렇듯 공론장은 대화와 직결되고 '여론' public opinion의 개념과 맞물려 있지요.

2. 유럽의 대화와 한국의 공론장

공론장은 자유로운 개개인이 합리적이고 비판적인 대화와 토론으로 여론을 형성하는 공간입니다. 사회 구성원들이 대화를 나누는 열린 마당으로, 민주주의의 핵심 개념이지요.

공중으로 결합한 사적 개인들은 '문예 공론장'(편지 교환에서 시작해 저작 활동까지)의 대화를 통해 신분제 질서를 비판하고, 그 연장선에서 언론과 국회라는 공론장을 만들었습니다. 공론장은 자유, 평등, 우애의 담론이 진리와 법의 정신으로 뿌리 내려 가는 데 큰 구실을 했습니다. 근대 국가의 헌법과 헌정 국가 이념의 밑절미엔 공론장이 자리하고 있지요.

공론장의 등장은 중세 시대 전제 군주의 자의적 지배가 아닌 '여론 정치'를 꽃피게 했습니다. 공론장이 있었기에 대다수 사람들이 신분 제도의 문제점을 인식하고, 그것을 넘어서는 시민 혁명도 성공할 수 있었습니다.

분명히 명토 박아 두고 싶습니다. 시민 혁명이라는 민주주의 싸움은 대화가 보편화되면서 여론을 형성해 갈 수 있는 역사적 조건이 익어 갔기에 가능했습니다. 이 지점에서 우리는 민주주의가 싸움이면서 동시에 대화라는 사실을 확인할 수 있지요.

시민 혁명으로 더 활짝 열린 공론장에서 비로소 사람들은 신분의 제약을 받지 않고 자신이 살아가는 사회가 풀어야 할 문제를 대화로 논의할 수 있었습니다. 왕과 귀족이 독점하고 있던 정치적 결정을 넘어 평민들도 자유롭고 평등하게 참여해 대화하고 토론할 수 있을 때, 민주주의가 대화임을 현실로 실감할 수 있지요. 프랑스 혁명 직후 파리에서 신문 창간이 봇물을 이루고 발행 부수도 폭증한 이유가 여기에 있습니다. 신문이 폐위된 왕의 처형을 공공연히 주장하는 담론까지 담았던 사실은 공론장의 힘을 입증해 줍니다.

중세 신분제 사회를 벗어나 근대 민주주의 사회로 나아가는 과정에서 사회 구성원들은 공론장을 적극 활용하며 보통 선거권은 물론, 언론·출판·집회·결사의 자유를 하나하나 쟁취할 수 있었습니다.

그렇다면 한국 사회에서 민주주의를 여는 대화의 공론장은 어떻게 형성되었을까요? 먼저 한국에서 근대 공론장의 상징인 신문이 어떤 정치·경제적 배경에서 등장했는가를 이해할 필요가 있겠지요.

앞서도 말했듯이 조선 왕조는 사농공상의 엄격한 서열 속에서 상인과 공인을 억압하는 강력한 중앙집권 체제를 이루고 있었기 때문에 상공인들이 세력화할 틈새가 없었습니다. 그것이 신문의 탄생을 늦추는 가장 큰 요인이었지요. 그런 조선도 후기에 접어들면서 신분 제도가 크게 흔들리기 시작했습니다. 농업 생산력의 발달과 상업의 발전으로 양반과 평민 사이의 엄격한 신분 경계선이 시나브로 흐려졌지요.

유럽이 급변하며 무서운 속도로 성장해 가던 17세기, 조선 사회 역시 변동기를 맞고 있었습니다. 아래로부터 의사 표현의 욕구, 대화의 요구가 커지면서 〈춘향전〉을 비롯한 판소리가 민중 사이에 '방각본'이라는 책자로도 출간되어 퍼져 나갔지요. 하지만 조선의 지배 세력은 시대적 요구를 거슬러 '세도 정치'로 치달았고, 19세기 내내 민중 항쟁이 줄기차게 일어났습니다. 대화가 막히니까 싸움으로 표출될 수밖에요.

1883년 조선의 첫 근대 신문인 《한성순보》가 창간되었는데요, 이는 개화파인 박영효와 유길준이 창간을 주도했지만 일본의 권유와 도움이 있었다는 사실에 유의할 필요가 있습니다. 1876년 개항을 계기로 일본 제국주의자들이 조선에 적극 침투하던 시기였거든요.

조선의 개화파에게 신문 발행을 권유한 인물은 일본 메이지 유신의 이데올로그인 후쿠자와 유키치 - 그는 일본의 1만 엔 지폐에 얼굴이 그려질 정도로 존경을 받고 있습니다 - 였습니다. 그는 조선의 개화파와 연계해 일본의 영향력을 확대하고자 박영효에게 접근했고, 일본에 온 박영효의 신뢰와 존경을 얻는 데 성공했습니다. 이후 후쿠자와는 조선으로 돌아가는 박영효에게 신문 발행을 적극 권했고, 후쿠자와의 제자들은 박영효와 함께 조선으로 넘어와 《한성순보》 창간에 참여했지요.

그 결과 《한성순보》의 지면은 왜곡될 수밖에 없었습니다. 제국주의 열강의 침략적 성격을 독자에게 알려 주기는커녕 중국(청)에만 비판적이고 일본에 우호적인 보도가 대다수였지요. 조선의 신문을 통해 일본에 유리한 여론을 형성하려는 후쿠자와의 노림수가 정확히 실현된 셈이지요.

게다가 《한성순보》는 관보였습니다. 신문 제작의 물적 토대가 조선 왕조의 재정이었고, 편집을 맡은 기자들도 모두 관리 신분이었지요. 《한성순보》 스스로 지면(5호, 1883년 11월 11일 자)을 통해 "정치 사회에 이익이 되지 않는 한사만설閑辭慢說 같은 것은 일체

게재하지 않고 관보의 체제를 유지할 것"이라고 밝혔습니다.

결국 한국 최초의 신문 《한성순보》는 외세에 대한 인식이 투철하지 못했고, 정권에 의해 철저히 통제된 관보였기 때문에 아래로부터 민중의 열망을 담아 갈 수 없었습니다. 더 큰 문제는 첫 근대 신문의 창간에 나타난 한계가 한국 신문의 역사적 전개 과정에서 줄곧 이어졌다는 데 있습니다.

그것은 자주적으로 근대 정치 경제 체제를 형성하지 못한 상황이 불러온 자연스러운 귀결이었습니다. '중세 신분제에 바탕을 둔 폐쇄적 커뮤니케이션 구조를 벗어나 모든 사람이 자유롭고 평등하게 참여해서 여론을 형성하는 마당'이라는 공론장 개념으로 본다면, 박영효·유길준을 비롯한 개화파는 외세로서 일본을 경계하기는커녕 그들에 의존해 개화를 이루자는 친일 의식을 심어 갔고, '국민'을 계몽의 대상으로 바라보는 한계에서 벗어나지 못했지요.

누가 공론장 활성화를 가로막는가

신문이 아래로부터 대화와 여론을 통해 근대 시민 사회를 열어 나가는 데 공론을 모아 간 유럽과는 달리, 한국에서의 신문은 처음부터 아래로부터 공론화 요구와 갈등 구조를 이뤘습니다. 백성이나 의병들의 대화를 외면하거나 심지어 적대시하는 모습은 '최초의 민간지'라고 평가받는 《독립신문》에서도 확인할 수 있습니다. 너무나 안타깝게도, 외세와 손잡은 지배 세력에 의해 민중들의 목소리가 배제되는 과정 속에서 신문이 발행되고 공론장이 형성된 게 한국 민주주의의 '원형 구조'입니다.

물론 우리의 근현대사에서 민중의 요구를 담아내려는 신문들이 전혀 없었던 것은 아닙니다. 먼저 을사늑약 시기《대한매일신보》의 창간을 들 수 있겠지요. 이 신문은 개화파들의 신문이 의병을 '비도'라고 터무니없이 왜곡할 때 당당하게 '의병'이라고 옳게 썼습니다. 단재 신채호 선생이 기자로 몸담았던 바로 그 신문이지요. 이후 일본 제국주의자들의 무단 통치 아래 발행된 '지하 신문'들이 있었고, 해방 공간에서도 민족정기를 담은 신문들이 창간된 바 있습니다. 4월 혁명 공간에서 창간된《민족일보》, 군사 독재 아래 떨치고 일어난 '10·24 자유언론실천운동'은 억압을 떨치고 아래로부터 터져 나오는 자유로운 목소리를 담아내고자 한 노력들입니다.

하지만 아래로부터의 대화 요구와 그것을 담아내는 매체의 등장 후에는 언제나 가혹한 탄압이 이어졌습니다. 일본 제국주의의《대한매일신보》탄압과 폐간, 일제 강점기의 '지하 신문' 전면 통제와 친일 신문 창간 허용, 해방 공간의 미군정에 의한 진보적·중도적 신문의 전격 폐간과 고위 간부들의 구속, 5·16 쿠데타 뒤의《민족일보》폐간과 발행인 조용수의 처형, 자유언론실천 선언 기자들의 대량 해직 들이 그것입니다.

아래로부터 공론장을 형성하려는 강렬한 요구 뒤에는 언제나 탄압이 뒤따랐지요. 하지만 탄압을 한 세력도 체제를 유지하려면 어쩔 수 없이 일정 부분 그 요구를 수용할 수밖에 없었습니다. 비록 만족스럽지는 않지만 한국의 공론장은 조금씩 그 영역을 넓혀 온 셈입니다. 바로 그만큼 한국 민주주의도 숙성했다고 볼 수 있겠지요.

물론 유럽의 공론장 또한 탄탄대로만 걸어오지 않았습니다. 공론장 형성 때부터 문제점을 가지고 있었고, 그것이 민주주의의 발전을 저해하기도 했습니다. 하버마스도 공론장 개념을 도입할 때 그 시기 유럽의 신문을 일러 '부르주아 공론장'이라고 명명했지요. 실제로 부르주아들 – 자본을 기반으로 세력화 해 가던 상공인들을 말합니다 – 이 주도한 공론장이었기에 그들의 이해관계가 반영될 수밖에 없었습니다. 신문이 시민 혁명에 톡톡히 제 구실을 했던 바로 그 시기, 영국을 중심으로 산업 혁명의 여파가 퍼져 가면서 근대 민주주의 사회는 빠른 속도로 자본 중심으로 바뀌어 갑니다.

왕과 귀족 중심의 신분 제도를 몰아내는 데 성공한 상공인들은 약속과 달리 자유와 평등을 노동자들과 나누지 않았습니다. 자신들보다 더 다수인 노동자들을 정치 경제적 의사 결정 체계에서 배제했지요. 재산이 있는 남성들에게만 투표권을 준 사실은 상공인 중심의 공론장이 지닌 한계를 단적으로 보여 줍니다.

상공인들은 자신들이 자본을 투자해 만든 신문에 정치 경제적 지배권을 영구화하려는 정치적 타산은 물론 경제적 이익까지 안전하게 담아 갔습니다. 모든 사람이 대화를 통해 문제를 해결해 나갈 수 있는 공론장이 돈 있는 사람들에 의해 막혀 버린 셈이지요.

그나마 유럽에서는 20세기 중반 이후 노동자들에 기반을 둔 진보 정당이 집권하면서 공론장을 지배하는 자본의 논리를 견제할 수 있었습니다. 나라에 따라 사회민주당(사민당), 사회당, 노동당, 사회민주노동자당으로 이름이 조금씩 다릅니다만, 진보 정당이 보수 정당과 정권을 주고받는 과정에서 정치의 지평도 넓어졌습니다. 국가가 일방적으로 자본을 위한 정책만 법제화하는 게 아니라 얼마든지 노동자들의 삶을 나아지게 하는 정책도 현실화할 수 있다는 사실을 입증했지요.

사회민주주의 계열의 정당을 싸잡아 '혁명을 포기한 개량주의'라고 비판하는 사람도 있고, 또 그것이 전혀 일리 없는 지적은 아니지만, 그 정당들이 사회 복지 정책을 구현해 온 사실만은 분명합니다. 보수 세력 또한 진보 정당이 집권하던 시기를 경험하면서 케케묵은 반공주의적 사고나 색깔 공세를 펴는 극우적 언행에서 벗어날 수 있었습니다. 우리는 보수와 진보가 서로 정권을 주고받으며 대화를 통해 민주주의를 성숙시켜 왔다는 진실을 놓쳐서는 안 됩니다.

지금까지 한 이야기를 간추려 보면, "민주주의가 대화"라는 정의는 "민주주의가 싸움"이라는 정의와 다음의 두 지점에서 연결됩니다.

첫째, 대화는 싸움에서 이기기 위한 조건입니다. 같은 시대를 살아가는 사람들의 공감을 얻지 못하면 어떤 싸움도 성공할 수 없습니다. 지지를 받을 수 없고 힘도 모아지지 않기 때문이지요. 민주주의 싸움이 이기려면 동시대인과 대화를 통해 정치의식을 공유하고 있어야 합니다. 대화는 공론장과 여론의 출발점이지요. 중세 신분 제도에 근거한 왕권을 무너뜨린 시민 혁명도 시민 계급이 주도한 대화와 여론이 성공의 조건이었습니다.

둘째, 오랜 싸움의 누적과 그 싸움의 성과로, 마침내 인류 역사는 폭력적 싸움 대신 대화로 싸움을 벌이는 단계로 넘어섰습니다. 그 사실을 단적으로 보여 주는 게 투표입니다. 선거를 통해 정권을 쥘 가능성이 열려 있는 상황에서 무장 봉기로 권력을 잡겠다는 싸움이 폭넓은 지지를 받기는 어렵겠지요. 물론 선거에 돈의 힘, 권력의 힘이 큰 영향을 끼치는 사실을 망각할 수는 없습니다. 하지만 궁극적으로는 누가 얼마나 어떻게 국민에게 다가가 설득력 있게 대화하느냐가 관건입니다. 문제는 민주주의가 아직 성숙하지 못한 나라에선 대화가 자유롭게 이뤄지지 않는 데 있습니다. 공론장 자체가 뒤틀려 있기 때문이지요.

한국 언론이 자유로운 대화를 가로막는 전형적 방법은 바로 '색깔 공세'입니다. 대화해야 할 상대를 빨갛게 칠하는 짓이지요. 사상의 자유를 원천적으로 제약하는 국가보안법이 엄존하는 나라에서 상대를 '빨갱이'로 몰아세우는 '마녀사냥'은 명백히 반민주적인 행위입니다. 대화를 통해 이성적으로 문제를 풀어 가야 마땅한 데도, 대화 상대를 타도해야 할 대상으로 옭아매려는 의도가 또렷하기 때문입니다.

3. 대화를 가로막는 색깔

　색깔 공세는 대화라는 민주주의의 핵심을 위협합니다. 민주주의의 대전제인 의사 표현의 자유, 사상의 자유를 원천적으로 부정하기 때문이지요. 특정 색깔을 용납하지 않는 색깔 공세는 다채로운 빛깔을 지닌 민주주의를 흑백 논리의 낡은 틀 안에 가두어 버립니다. 색깔 공세가 어떻게 벌어지는지 구체적으로 살펴볼까요?

　2010년은 우리가 일본 제국주의에게 주권을 빼앗긴 경술국치 100년을 맞는 해입니다. 굳이 부끄러운 과거를 정확히 짚는 것은 자괴감에 빠지자는 뜻이 아닙니다. 수치스러운 일을 더는 되풀이하지 말자는 신선한 다짐이지요. 기실 그것이 역사를 배우는 목적입니다.

　'친일 세력 청산' 또한 그 연장선에 있습니다. 제 한 몸과 가족의 부귀를 위하여 겨레를 배반하고 독립 운동가들을 탄압하거나 심지어 학살하는 데 앞장섰던 매국노들을 역사의 법정에서 심판하는 일은 보수나 진보의 문제가 아닙니다. 진실의 문제이지요. 우리 역사에서 다시는 제 민족을 배신하는 사람이 없어야 한다는 미래의 과제, 당위의 문제이기도 합니다.

　이를 실현한 나라가 있지요. 시민 혁명으로 민주주의를 연 프랑스입니다. 프랑스는 독일의 히틀러가 점령하던 시기에 나치에 부역한 지식인들을 가차 없이 법정에 세웠지요. 독일을 옹호하는 기사를 편집한 프랑스 신문 사주와 언론인들은 형장의 이슬이 되는 심판을 받았고, 가까스로 살아남은 친독 언론인들도 투옥되거나 언론 활동이 금지되었습니다. 우리 사회에도 널리 퍼진 '똘레랑스'(관용을 뜻하는 프랑스 말입니다)는 역사적 잘못에 대한 서릿발 심판을 '거름'으로 꽃필 수 있었지요.

하지만 한국은 달랐습니다. 언론계는 물론, 여러 분야에서 친일 세력을 청산하지 못했던 게 사실입니다. 그렇기에 국가기관인 친일반민족행위진상규명위원회(이하 진상규명위)가 엄밀한 검증 과정을 거쳐 1904년부터 1945년 8월 15일 해방까지 친일 행위를 한 인물 1천 5명을 공개한 것은, 늦었지만 꼭 필요한 일이었습니다. 경술국치 100년을 앞둔, 2009년 11월 말이었기에 더 그랬지요.

문제는 진상규명위가 친일파 명단을 공개하자 몇몇 언론이 앞다투어 색깔 공세를 편 데 있습니다. 그들은 한목소리로 진상규명위를 '좌파'로 몰아세웠지요. 대표적으로 《동아일보》는 진상규명위가 명단을 발표한 바로 다음 날(2009년 11월 28일)에 "위원회 출범부터 좌편향 논란" 기사를 실었고, 같은 날 "좌편향 위원회가 건국 세력을 친일로 낙인찍었다" 제하의 사설을 내보냈습니다.

여기서 냉철하게 짚어 봅시다. 진상규명위는 특정 정파가 임의로 만든 단체가 아니었습니다. 이 단체는 한나라당을 포함한 여러 정당이 국회에서 합의해 입법한 '일제 강점하 반민족 행위 진상규명에 관한 특별법'에 근거해 옹근 5년 동안 진상을 조사했지요. 《친일인명사전》을 낸 민족문제연구소와 성격이 다른, 엄연한 국가기관이었습니다. 그래서일까요. 진상규명위는 공개적으로 일본

'천황'에 충성을 맹세하는 혈서를 쓴 박정희 전 대통령도 친일파 명단에서 제외했습니다. 《친일인명사전》에는 당연히 친일파로 규정되었는데 말이지요.

그럼에도 왜 발행 부수가 많은 신문들은 진상규명위를 '좌파'로 몰았을까요? 진실은 간명합니다. 진상규명위가 《조선일보》와 《동아일보》의 사주였던 방응모와 김성수를 친일파로 발표했기 때문이지요.

진상규명위가 객관적 자료에 근거해 발표했듯이 《조선일보》 사주였던 방응모는 일본 제국주의의 침략 정책에 협력하자고 주장하며, 군수 업체 조선항공공업주식회사와 국민정신총동원조선연맹의 발기인으로 활동했지요. 《동아일보》 창업자 김성수는 일제의 징병을 찬양하면서 학병이 되라고 독려했으며, 국민정신총동원조선연맹 발기인과 이사로 활동했습니다.

하지만 두 신문은 물론이고 《중앙일보》를 읽는 독자들은 진상규명위가 제시한 증거를 알 길이 없습니다. 그 신문들만 보는 독자는 진상규명위가 말한 진실을 알 수 없을 뿐 아니라, 그들이 '좌파'라고 오해하기 십상입니다. 또한 2009년 11월 박정희 전 대통령이 젊은 시절에 일본 '천황'에 충성을 맹세한 혈서가 공개된 사실도 모를 수 있습니다. 신문 시장을 독과점하고 있는 세 신문은 이 사실을 단 한 줄도 보도하지 않았기 때문입니다.

과연 그래도 좋을까요? 찬찬히 성찰해 봅시다. 증거가 남도록 노골적으로 친일 행위를 해 놓고 친일을 하지 않았다고 무람없이 주장하는 게 보편화된다면, 대한민국의 미래가 어떻게 될까요. 프랑스 내에서 민족 반역자들을 과감하게 처형한 주체는 드골을 선두로 한 '우파'였습니다. 기실 민족정기를 바로잡는 일이야말로 한 국가의 우파 또는 보수파가 나서야 할 몫 아닐까요.

반면 한국은 국가 기관인 진상규명위의 보고서가 나왔지만 흐지부지되고 말았습니다. 《조선일보》와 《동아일보》는 사과를 하기는커녕 상대를 좌파로 내몰며 자신들이 '민족 언론'이었다고 강변했습니다. 친일 세력으로 판명된 사람들의 후손 가운데 진심으로 사과하는 이는 없었습니다. 여론을 장악하고 있는 두 신문이 앞장서서 그들을 비호했기 때문이지요. 그러니 진상 규명 다음 단계인 사과와 화해로 나갈 수가 있겠습니까? 대화 자체가 색깔 공세로 막혀 버린 생생한 보기이지요. 상대를 무조건 '빨갛게' 칠하는데 어떤 대화가 가능하겠습니까?

보수와 진보를 떠난 진실의 문제에도 '색깔'의 잣대를 마구 들이대어 여론 형성을 뒤트는 상황에서 보수와 진보 사이의 쟁점이 대화를 통해 해결될 가능성은 없지요. 한국 사회에서 노동 운동이 아직도 온전한 시민권을 얻지 못하고 있는 이유도 여기에 있습니다. 정당한 법적 절차를 밟아 파업을 해도 불법 파업으로 몰아 처벌하는 일이 21세기 한국 민주주의에서 버젓이 벌어지고 있지요. 노동조합을 결성하는 일은 노동자의 기본권으로 헌법에 보장되어 있는데도 '무노조 경영'을 자랑스레 내세우는 사람이 한국에서 최고의 기업인으로 추앙받고 있습니다. 이 나라 민주주의의 천박한 수준을 드러내 주는 지표이지요.

  노동 운동을 아예 대화의 상대로 인정하지 않으려는 자세는 한국의 대기업 노동자들이 대부분 참여하고 있는 민주노총을 바라보는 시선에서 확인할 수 있습니다. 가령 《동아일보》의 논설위원 김순덕이 쓴 "민노총은 노조가 아니다" 제하의 칼럼(2009년 12월 7일 자)은 글을 쓴 자신만이 아니라 '보수'를 자처하는 사람들의 '소신'을 여과 없이 보여 줍니다.

  글쓴이는 첫 문장에 "150쪽짜리 자료를 읽고 이렇게 피가 끓긴 또 처음이다"라며 사뭇 자극적 말투로 시작하지요. 전국민주노동조합총연맹 홈페이지에 실린 노조 간부용 교재 '5기 노동자 학교'를 보고 그랬답니다. 칼럼은 이어 다음과 같이 주장합니다.

(……) 그런데 왜 우리나라에선 한국노총을 빼면 조직률 5퍼센트도 안 되는 민노총이 나라를 뒤흔드는 걸까. 그들 스스로 밝힌 규약을 보면 알 수 있다. 민노총의 목적은 '노동자의 정치 경제 사회적 지위 향상'만이 아니라 '인간의 존엄성과 평등이 보장되는 통일 조국 민주 사회 건설'이기 때문이다. 언론인 남시욱 씨가 '한국의 진보 세력 연구'에서 "노조가 좌파 변혁 세력인 건 어느 나라나 공통적이지만 민노총의 정치 세력화는 특이하다"고 했을 정도다. 이 목적을 위한 민노총의 첫 번째 사업 역시 노동자의 정치 세력화다. 노동 조건 개선 같은 건 일곱 번째로 떨어져 있다. 우리나라 노조법은 '노조라 함은 근로 조건의 유지 개선 기타 근로자의 경제적 사회적 지

위의 향상을 도모함을 목적으로 조직하는 단체'이고 정치 활동을 주목적으로 하는 경우는 노조로 보지 않는다고 했다. 그렇다면 민노총은 노조가 아니라는 얘기다.

더구나 민노총의 두 번째 사업인 자주 민주 통일은 북한 대남 투쟁의 3대 목표와 일치한다. 민노총이 건설하겠다는 통일 조국 민주 사회도 우리 헌법에 명시된 '자유 민주적 기본 질서에 입각한' 나라와 거리가 멀다. 한미 정상이 6월 발표한 자유민주주의와 시장 경제 원칙에 입각한 평화 통일에 대해 민노총이 격렬히 규탄한 걸 보면 안다. 자유 기업원은 '민주노총의 이념과 노동 운동 비판'이란 책에서 "이들은 노동자 계급의 독자성을 내세우며 사회주의 혁명을 주장한다"고 했다.

노조란 노동자를 교육하는 학교에 불과하다. 지금껏 노조 전임자에게 월급을 준 기업들은 자유민주주의와 시장 경제 타도를 꾀하는 정치 세력에 군자금을 바쳐 온 셈이다. 그러니 민노총이 어제 정부와 자본가 계급(한국경영자총협회), '수천만 노동자의 권리를 팔아먹은 모리배(한국노총)'의 합의에 반대 투쟁을 선언한 것도 그들로선 당연한 수순이다. 노동자를 자처하면서도 머리띠 두르고 나서는 일밖에 할 수 있는 게 별로 없는 직업 투쟁꾼들이기 때문이다. 교재에서 고백했듯, 복수 노조와 전임자 임금 지급 금지가 시행되면 일본식 노사 협조주의가 나타나는 것도 두려울 거다. 파업을 무기로 좌파 이념과 노동 권력의 단맛을 누리는 그들이나, 핵이라는 벼랑 끝 전술로 식량과 원조를 따내는 북한이나 막상막하다. 물론 그들이 추운 날 아무리 거리로 뛰쳐나가 봤자 대한민국이 적화 통일된 다고 걱정할 사람은 거의 없다. (……)

칼럼은 더 자극적인 선동이 이어지지만 다 옮길 가치가 있을지 의문입니다. 전국민주노동조합총연맹을 겨냥해 "노조가 아니"라 며 "반자유, 반민주, 반시장의 정치 집단"으로 몰아세우는 논리는 노동조합을 바라보는 저들 – 글을 쓴 《동아일보》 논설위원만이 아 니라 전 언론인 남시욱, 자유 기업원까지 – 의 반민주적 사고를 여 실히 드러내 주지요.

과연 '인간의 존엄성과 평등이 보장되는 통일 조국 민주 사회 건설'을 추구하는 게 민주노총을 노조가 아니라 정치 집단이라고 판단하는 근거가 될 수 있을까요. "자주 민주 통일"이 "북한 대남 투쟁의 3대 목표와 일치"한다는 주장은 전형적인 색깔 공세이지 요. "북한이나 막상막하"라는 언급이나 "적화 통일" 운운하는 모 습은 섬뜩합니다.

선진 민주주의 국가라면 어느 나라에나 있는 교직원노동조합에 대해서도 한국의 자칭 '보수 세력'과 그들을 대변해 온 언론인들 은 '마녀사냥'을 서슴지 않아 왔습니다. 공안 당국과 더불어 전국 교직원노동조합의 합법성을 인정하지 않았고, 결국 순리 대로 합 법화가 된 이후에도 틈날 때마다 마녀로 몰아 사냥하기를 멈추지 않았지요.

전교조 사냥에서 가장 이해하기 어려운 대목은 그들이 전교조 교사들에게 "초심으로 돌아가라"고 부르짖거나 "초심을 잃었다"라고 훈계하는 모습이지요. 사뭇 그럴듯한 논법이지만 찬찬히 짚어 보면 황당한 사실을 발견할 수 있습니다. 초심을 강조하는 바로 그들이 전교조 초기에 교사들을 해직하라고 선동하며 앞장섰기 때문이지요.

당시 교사들을 무더기 해고하면서 내세운 논리가 있었습니다. '교사는 노동자가 아니라 성직'이라는 주장인데요. 이 말은 한국의 보수 세력이 노동자를 얼마나 낮춰 보고 있는지를 또렷하게 보여 주는 보기입니다. 가르치는 직업과 노동자는 전혀 차원이 다르다는 걸 암암리에 전제하고 있기 때문입니다. 이들에게는 노동 그 자체가 신성하다는 생각이 아예 없지요.

노동 운동에 마녀사냥을 서슴지 않는 사람들은 노동 계급에 기반을 두고 일찌감치 정치 세력화해서 집권한 뒤 국정을 책임졌던 유럽의 많은 국가들을 어떻게 바라볼까요? 과연 그 나라들은 민주주의가 아닐까요?

앞에서 보기로 든 칼럼만이 아닙니다. 정도의 차이는 있겠지만 여론 시장을 독과점하고 있는 《조선일보》《동아일보》《중앙일보》는 노동 운동에 대해 언제나 색깔 공세와 마녀사냥을 서슴지 않지요. 그 사냥에 이어 곧바로 경찰이 '진압' 하고 검찰이 기소하면 법원이 징역형을 선고하는 살풍경이 2010년 현재 대한민국 민주주의의 현주소입니다.

대화를 가로막는 색깔 공세는 명백한 반민주적 행위

민주주의가 자유롭고 평등한 공론장에서 대화를 통해 문제를 해결하는 체제라면, 그 대화를 가로막는 색깔 공세는 반민주적 행위로 단정하는 게 옳습니다. 신문들이 노동 운동을 대화의 상대로 인정하지 않으려는 행태는 그들 신문의 물적 기반과 이어져 있습니다. 신문사도 기업의 하나이고 신문을 대량 발행하려면 돈이 있어야 합니다. 그 돈은 어디서 나올까요?

현재 대한민국의 여론을 주도하고 있는 신문사들은 거대 자본을 소유한 사람이 신문사를 운영하며, 그 후손이 경영권을 세습해 신문사의 최고 의사 결정권자가 됩니다. 그들 자신이 자본가이기에 노동자의 권리가 강화되는 걸 원하지 않지요. 더구나 신문을 발행한 자본금은 대기업의 상업 광고에서 나오기 때문에 자본 의존도가 심화됩니다. 신문사를 소유한 사람은 물론 광고주 또한 자본가니까요.

광고라는 권력이 선뜻 다가오지 않을테니, 간단한 통계를 짚어보겠습니다. 2008년 기준으로 한국의 10대 그룹이 언론사에 지출한 광고비는 모두 5조 2천 336억 원입니다. 천문학적 규모이지요. 그중 삼성 그룹이 가장 많이 지출했는데요, 그 광고비는 2조 1천 429억 원으로 10대 그룹 광고의 40퍼센트에 이르지요. 삼성과 LG, 현대자동차 그룹의 광고비는 전체 80퍼센트를 넘어섭니다. 한국의 신문과 방송이 왜 삼성에 약한지, 삼성 감시에 나서지 않는지 충분히 짐작할 수 있는 대목입니다.

막강한 자본의 힘을 배경으로 대화를 봉쇄하거나 대화의 흐름을 일정한 방향으로 유도하는 여론 몰이는 민주주의의 성숙을 가로막을 수밖에 없습니다. 대자본을 소유한 극소수 사람들은 여론이 공론장에서 대화와 토론을 통해 자연스럽게 형성되는 걸 바라지 않습니다. 절대다수인 민중이 서로 대화하고 토론하다 보면 사회의 문제점을 파악할 수 있기 때문이지요. 같은 이유에서 자본을 소유한 사람들은 절대 소수에 지나지 않으면서 자신들의 이익이 국민 전체의 이익인 양 호도합니다. 자본이 소유하거나 영향력을 행사하는 신문과 방송이 그 구실을 하지요. 초·중·고등학교의 일상적인 교육도 주어진 체제를 자연스럽게 받아들이도록 뒷받침하고 있습니다.

특정 소수 세력이 자신들의 주장을 대다수의 생각, 곧 여론으로 몰아가는 모습은 지구촌 곳곳에서 미디어의 일상이 되어 있습니다. 명백한 여론 조작이고, 민주주의를 위협하는 일이지요. 그것을 신문사나 방송사가 앞장서서 해 나가기에 언론 기관이라는 말보다 '언론 권력'이란 말이 설득력을 얻어 가고 있습니다.

거듭 강조하지만 대화의 전제 조건은 공론장에서 아무 거리낌 없이 자신의 의사를 표현할 수 있는 자유입니다. 그래야 토론이 가능하지 않겠습니까? 그런데 그 표현의 자유를, 사상의 자유를 원천적으로 억압하고 상대의 주장을 빨갛게 물들이는 행위는 대화를 원천적으로 거부하는 일입니다. 누군가 만들어 놓은 생각의 틀에 갇혔으면서 그 사실을 의식도 못한 채 살아가거나, 분명히 할 말이 있지만 하지 못하고 침묵 속에 살아가는 인생이 얼마나 부지기수인지 주변을 조용히 둘러보기 바랍니다.

이렇듯 대화를 아예 외면하는 사람들 때문에 우리는 민주주의가 싸움이자 대화임을 잊을 수 없습니다. 더욱 가슴에 새겨야겠지요. 그들에게 민주주의는 대화임을 지며리 알려 주는 일 자체가 민주주의 성숙을 위해 절실한 싸움이자 대화인 것입니다. 사상과 표현의 자유를 토대로 한 대화와 토론, 그것은 민주주의 성숙의 밑절미인 동시에 한 인간이 자신의 삶을 자주적으로 살아가는 조건이기도 합니다.

시야를 좀 더 넓혀 보면, 외세의 개입으로 나라가 두 동강이 나 분단 체제를 이룬 상황에서 남북 대화도 그 연장선이지요. 우리 겨레가 스스로 미래를 개척하며 통일을 일궈 내기 위해서는 남과 북의 대화가 절실합니다. 남과 북이 가슴을 연 대화와 토론으로 통일 조국의 바람직한 정치 경제 체제를 모색해 가는 과정은 민주주의가 성숙해 가는 길과 한길이 아닐까요?

무릇 모든 대화가 그렇듯이 남과 북의 대화에도 상대를 인정하는 자세가 필요합니다. 남과 북은 1948년 각각 대한민국(8월 15일)과 조선민주주의인민공화국(9월 9일)을 선포했습니다. 이후 개별 국가로 유엔에도 가입했지요. 우리가 이미 경험했듯이 전쟁으로 통일을 이룰 수 없습니다. 어려운 길이지만 대화로 얽힌 매듭을 하나하나 성실하게 풀어 가야 합니다.

바로 그 점에서 2000년 6월의 첫 남북정상회담이 내놓은 6·15 공동선언은 뜻깊은 성취입니다. 통일의 미래는 모든 권력이 국민으로부터 나오는 진정한 민주주의를 구현하는 길과 이어져 있습니다.

그렇습니다. 민주주의 없는 민족 통일이나, 민족 통일 없는 민주주의를 우리는 넘어서야 합니다. 그 길에 반드시 필요한 '무기'는 대화이지요. 대화, 그것이 곧 민주주의입니다.

새로운 언론과 새로운 사회

20세기에 들어서면서 언론의 풍경은 크게 달라집니다. 종래에는 신문으로 상징되는 인쇄 매체가 독점했지만, 외형은 물론 성격도 전혀 다른 전파 매체, 라디오와 텔레비전이 등장했습니다.

텔레비전 방송사를 만들고 프로그램을 제작하는 데는 평범한 사람들이 다가설 수 없을 만큼 큰돈이 필요합니다. 물론 신문을 발행하는 데 필요한 윤전기도 최소 수십억 원입니다. 하지만 텔레비전 방송사를 설립하는 데 드는 비용은 여기에 비교가 되지 않습니다. 바로 그렇기에 텔레비전이 대중화되면서 자본이 공론장을 장악할 위험성은 무장 커집니다. 그러니 대화의 길이 막힌 사람들, 가난한 사람이나 노동자들, 진보적 지식인들은 스스로 공론장을 열어 갈 수밖에 없겠지요. 진보 언론과 진보 정당이 출현하는 이유입니다.

자본의 힘은 세계적 수준에서 막강합니다. 유럽에서도 자본이 공론장을 위협하고 있다는 우려의 목소리는 높습니다. 하지만 적어도 유럽의 민주주의에선 '색깔 공세'라는 걸 찾아보기 어렵지요. 그만큼 언론도 정당도 천박한 색깔 공세 수준에선 벗어나 있습니다.

그에 비하면 한국의 언론과 정당은 특정 색깔을 배제해 온 게 사실입니다. 그것은 곧장 한국 민주주의 수준으로 나타납니다. 아래로부터 올라오는 대화 요구를 위에서 밖과 손잡고 억압해 온 한국의 공론장은 처음부터 뒤틀렸지요. 21세기를 맞은 오늘날에도 한국 공론장에서는 색깔 공세가 넘쳐 납니다. 이런 판에서 보수와 진보 사이에 대화가 잘 이뤄질 수 있겠어요?

바로 그렇기에 색깔 공세를 서슴지 않는 언론에 맞서 새로운 언론을 만들자는 움직임이 언론계 안팎에서 활발하게 일어났습니다. 1988년에 민주 시민들이 성금을 모아 창간한 '국민주 신문' 《한겨레》나, 1998년 재벌 신문의 틀을 벗어나 '독립 언론'으로 거듭난 《경향신문》이 그 예입니다.

21세기에 들어서면서 대안 언론은 인터넷 신문으로 새로운 지평을 열어 가고 있습니다. 거대 자본이 필요한 윤전기 없이도 운영이 가능하다는 장점을 기반으로 다채로운 색깔을 펼치고 있지요. "모든 시민이 기자"임을 내걸고 창간한 《오마이뉴스》를 비롯해 《프레시안》《이데일리》《민중의소리》《레디앙》이 곰비임비 선보였습니다. 더구나 《새사연》과 같이 사회 구성원들이 뜻을 모아 새로운 사회를 연구하고 이를 사회 전반으로 확산해 가는 새로운 인터넷 매체도 출현했지요. 개인 블로그로 '1인 신문'도 눈여겨 볼 대목입니다. '블로거'들은 각각 자신이 취재 기자이자 편집 기자이고 편집 국장인 1인 신문사를 운영하고 있는 셈이니까요.

인터넷 혁명을 밑절미로 한 새로운 언론의 실험은 앞으로도 곰비임비 이어질 게 분명합니다. 아래로부터 새로운 언론의 움직임이 활발할수록 그만큼 대화와 토론을 통해 민주주의를 온전히 구현하는 새로운 사회에 인류는 한 걸음 더 다가설 터입니다.

오마이뉴스 http://www.ohmynews.com
프레시안 http://www.pressian.com
이데일리 http://www.edaily.co.kr
민중의소리 http://www.vop.co.kr
레디앙 http://www.redian.org
새사연 http://www.saesayon.org

4장 민주주의는 정치다
직업 정치인이 정치를 독점하도록 방관하지 말라

"법치 국가의 온전한 뜻은
'국민의 의사에 따라 만든 법률에 의하여 다스려지는
나라' 임을 주목해야 합니다.
만일 '국민의 의사에 따라 만든 법률'이 아닌
법으로 국민을 다스린다면 어떻게 될까요?
민주주의라고 할 수 없겠지요.
국민의 뜻을 대화와 토론을 통해 법제화함으로써
구현하는 일, 그것이 정치요, 민주주의입니다."

1. 법치주의의 뜻과 한계

민주주의는 정치다? 생뚱맞은 이야기로 들릴 수 있습니다. 민주주의는 정치라는 걸 너무 당연하게 생각하니까요. 하지만 그렇게만 볼 일은 아닙니다.

흔히 민주주의를 법치주의로 정의하거나 그렇게 부르대는 사람이 더 많습니다. 물론 법치는 중요합니다. 민주주의를 내세운 국가에서 법률이 효력을 잃을 때 어떤 상황이 오는지를 보여 주는 사례들을 많이 접해 왔으니까요.

1994년 4월 6일 아프리카의 르완다. 수도 키갈리에서 하비야리마나 대통령이 타고 가던 대통령 전용기가 격추되었습니다. 정부는 대통령이 암살당했다고 밝히고, 그 배후로 투치족을 지목합니다. 어떤 일이 벌어졌을까요? 곧바로 대통령과 같은 종족인 후투족이 투치족을 대량 학살합니다. 함께 국민으로 살아가던 투치족을 학살하는 데는 어떤 법적 절차도 지켜지지 않았습니다. 마주치는 그 자리에서 투치족을 학살하면서, "투치족은 바퀴벌레다. 후투족이여, 일어나라!"고 선동했다더군요. 그 살육의 현장에서 바퀴벌레 아닌 투치족 50만 명이 학살당했습니다.

아프리카는 본디 '미개한 대륙'이기에 무법천지가 일어날 수 있다는 선입견이 있나요? 그렇다면 같은 시기 유럽의 한복판에서 일어난 참극을 톺아보겠습니다. 1992년부터 3년 동안 벌어진 '보스니아 내전'은 인간이 얼마나, 어디까지 야만을 저지를 수 있는가를 극명하게 보여 줍니다. 이 내전 때 세르비아계 사람들은 이슬람 주민 27만 명을 학살했습니다. 230만 명의 난민이 발생했지요. 유럽의 500개 마을이 불탔고 57개 도시가 파괴되었어요. 경제적 피해가 500억 달러(60조 원)에 이르렀다는 통계는 사람이 사람에게 저지른 끔찍한 야만에 비하면 사소한 피해로 보입니다.

20세기 말에 벌어진 두 대량 학살은 사건 직전까지 한 국가에서, 이웃으로 살았던 사람들을 상대로 저질러진 점을 주목할 필요가 있습니다. 또한 여성들에 대한 성폭력이 조직적으로 자행되었다는 끔찍한 공통점도 가지고 있습니다.

21세기 들어서서도 마찬가지입니다. 2010년 1월에 아이티에서는 큰 지진이 일어났습니다. 15만 명이 목숨을 잃었지요. 참극은 지진 이후에도 벌어집니다. 치안이 무너진 상황을 틈타 대량 약탈 행위에 이어 곳곳에서 살인이 일어났지요. 아이티는 오랜 세월 제국주의의 침략과 간섭으로 온전히 역사적 발전을 이루지 못해 왔습니다. 아이티에 줄곧 큰 영향력을 행사해 온 미국은 '질서 유지'를 이유로 곧장 군대를 파병했습니다.

하지만 바로 그 미국에서도 법치가 단숨에 무너지는 일이 불거졌었지요. 2005년 미국 남부 지역을 허리케인(카트리나)이 강타했을 때였습니다. 경찰이 실종자를 수색하고 구조 작업을 벌이는 가운데 약탈과 강간이 횡행했지요. 피해가 가장 컸던 뉴올리언스 시장이 구조 작업을 중단하고 약탈 방지에 나서라고 지시했을 정도입니다. 누군가가 지게차를 동원해 상점의 셔터나 유리문을 부수고 들어가면 그 주변에 있던 사람들이 모두 몰려드는 상황이 벌어졌습니다. 심지어 길에서 자동차를 강탈하고, 강간 사건이 일어나고, 총격전을 벌이는 '무정부 상태'가 21세기 미국에서 벌어졌습니다.

위에 언급한 사건들은 법과 그에 근거한 질서가 없을 때, 문명 사회로 자부했던 시대가 얼마나 쉽게 야만으로 전락할 수 있는지를 보여 주는 예입니다.

민주주의는 법치라는 주장은 충분한 역사적 근거를 갖고 있습니다. 보수주의자들이 강조하듯이 민주주의는 법치임에 틀림없지요. 법치가 이뤄지지 않을 때, 중세 시대 왕권이 그러했듯이 왕과 귀족, 양반 계급의 뜻에 따라 대다수 민중의 삶이 억압되고 생명권이 일상적으로 위협받게 됩니다. 법치가 민주주의의 고갱이임에 틀림없는 이유이지요.

다만, 그것이 전부인지 짚어 볼 필요가 있습니다. 1980년 5월의 광주로 가 봅시다. 당시 전두환-노태우를 중심으로 한 쿠데타 세력이 비상계엄을 확대하자 대학생들이 이에 항의하고 나섰지요. 계엄군은 곧장 학살극을 벌이기 시작합니다. 마침내 시민들이 가세해 격렬하게 저항했지만, 그럴수록 학살의 규모는 더욱 커졌습니다. 민주 시민들은 자신들의 생명과 권리를 짓밟는 독재 권력에 맞서 싸우기 위해 경찰서에 들어가 총으로 무장했고, 계엄군을 광주 시내에서 몰아내기에 이릅니다.

당시 《조선일보》 사회 부장 김대중은 이 상황에 대해 "총을 든 난동자들"이 광주를 "무법천지"로 만들고 있다고 썼습니다. 모든 신문과 방송이 민주 시민을 '폭도'나 '북괴가 침투시킨 제5열'로 썼지요.

하지만 민주 시민들이 계엄군과 경찰을 몰아내고 스스로 치안을 담당했던 5일 동안, 40여 곳이 넘는 금융 기관에 누구도 침범하지 않았을 뿐더러, 단 한 건의 범죄도 일어나지 않았습니다. 오늘날 나라 안팎으로 광주의 '해방 공동체' 경험이 주목을 받고 있는 이유입니다.

5월 광주의 해방 공동체는 미국·세르비아·아이티·르완다의 사례와 달리, 민주주의를 법치라는 틀로만 설명할 수 없다는 사실을 역동적으로 가르쳐 줍니다. 5월 항쟁에 나선 민주 시민들은 '폭도'로 몰려 학살당했고, 그들을 학살한 전두환-노태우 일당은 '민주주의'와 '정의 구현'을 내세우며 민정당을 창당해 집권했습니다. 민정당은 그 뒤에 민자당과 신한국당을 거쳐 한나라당으로 이름을 바꾸며 활동하고 있지요.

하지만 민주주의를 이루려는 싸움은 마침내 1987년 6월 대항쟁으로 열매를 맺었습니다. 또한 국가 기관이 5월 항쟁을 '민주화운동'으로 평가하는 변화가 일어납니다. 희생자들의 묘역은 국립묘지가 되었고, 시퍼런 서슬로 법치주의를 주장하던 전두환과 노태우는 법의 심판을 받았습니다. 그 심판이 1997년 대통령 선거 뒤 '정략적 판단'으로 흐지부지된 것은 두고두고 아쉬운 대목이지요.

민주주의를 가로막는 법치주의도 있다

여기서 성찰해 봅시다. 만일 민주주의가 '법치'만이라면 어떨까요. 우리 사회가, 우리 삶이, 얼마나 경직되고 창백할까요. 다행히 민주주의는 그렇지 않습니다. 엄정하게 법치의 틀로만 본다면 민주주의의 출발점인 시민 혁명도 가능하지 않았겠지요. 프랑스 대혁명 당시의 역사적 순간을 상기해 볼까요.

우리는 루이 16세와 왕비 마리 앙투아네트의 '존엄'했던 얼굴이 단두대에 올려져 40킬로그램이 넘는 무거운 칼날에 날아간 사실을 알아보았습니다. 그 루이 16세가 즉위했을 때 왕은 세칭 '명문 학교' 루이르그랑을 방문합니다. 그날 학생 대표로 왕 앞에서 환영사를 한 10대 청소년이 있었지요. 머리가 짱구였고 '애늙은이' 성향이 있던 그의 이름은 로베스피에르. 훗날 그는 '국민회의' (프랑스 대혁명 직후 구성된 의회입니다)에서 루이 16세 처형을 결정하는 데 앞장섰지요. 문제는 왕을 처형하는 법적 근거가 없었다는 데 있습니다. 루이 16세를 국민이 증오한다는 사실 자체가 법적 근거일 수는 없으니까요. 루이 16세가 외세를 끌어들여 혁명을 뒤엎으려 했다는 혐의가 있었지만 뚜렷한 증거는 없었습니다. 국민의회의 많은 의원들이 '근거가 없다'는 이유로 왕의 처형을 반대하면서 우왕좌왕할 때, 자그마한 체구의 로베스피에르가 단상에 올라갑니다. 마침내 그가 입을 열었습니다.

"좋습니다. 왕은 무죄일지도 모릅니다. 그러나 그를 무죄라고 선언하는 순간, 시민 혁명이 유죄가 됩니다. 이제 와서 혁명을 잘못이라고 할 수 있습니까? 왕을 죽여야 합니다. 혁명이 죽을 수는 없기 때문입니다."

로베스피에르의 명쾌한 논변 앞에 그 누구도 이의를 제기할 수 없었습니다. 왕을 처벌할 수 없다면, 결국 혁명을 일으킨 자신들이 불법을 저지른 반란자, 반역자가 되는 셈이니까요. 그 벌은 자신들의 죽음이 될 수밖에 없었습니다. 결국 왕은 단두대로 올라갔지요.

프랑스 혁명 당시 범법자들을 가둔 바스티유 감옥 앞으로 몰려간 민중의 싸움은 시민 혁명의 또 다른 상징입니다. 로베스피에르가 혁명 직후 창간한 신문의 제호가 《헌법의 수호자》라는 사실도 많은 걸 시사합니다.

법치를 곧이곧대로 신뢰할 때 나타나는 맹점은 프랑스 혁명 초기에서만 발견할 수 있는 게 아닙니다. 시민 혁명 이후 인류의 역사만 훑어보더라도 우리는 법치의 명분 아래 얼마나 많은 사람이 억울하게 희생당했는가를 발견할 수 있습니다.

120여 년 전 미국 기업인들은 자신들의 경제력을 과시하기 위해 100달러(우리 돈으로 12만 원)짜리 지폐로 담배를 말아 피웠습니다. 이(치아)에 다이아몬드를 박기도 했지요. 그들이 웃을 때 입을 어떻게 벌렸을까 상상해 보면 쓴웃음이 나옵니다.

반면 그들이 고용한 노동자들은 하루 12시간에서 16시간에 이르는 긴 시간을 일하고도 일주일에 7달러, 기껏해야 8달러(우리 돈 1만 원)를 받았습니다. 한 달 꼬박 일해도 32달러(4만 원) 정도를 벌었고, 그 가운데 3분의 1은 허름한 판잣집의 방세로 나갔습니다. '임금 노예'라는 말이 가장 적실한 표현이었지요.

우리가 역사에서 확인할 수 있는 교훈이 있습니다. 부당한 억압이 있을 때 반드시 싸움이 뒤따른다는 사실입니다. 1886년 봄, 미국 노동자들은 마침내 8시간 노동제를 요구하며 파업했습니다. 물론 평화적 행사였지요. 그런데 미국 경찰은 파업에 동참한 노동자들에게 '법 질서'를 근거로 발포했고, 어린 소녀를 비롯해 6명의 노동자가 생때같은 목숨을 잃었지요.

다음 날, 경찰의 만행을 규탄하는 집회가 시카고 헤이마켓 광장에서 열립니다. 노동자와 가족, 시민들이 참가한 평화적 집회가 마무리되어 갈 무렵, 갑자기 사제 폭탄이 터집니다. 그 순간 경찰의 발포가 시작됐고, 노동 운동 지도자들이 전격 체포됩니다. 법

4장 민주주의는 정치다

원은 폭동 교사 및 살인 혐의로 노동 운동 지도자들을 구속했지요. 미국 신문들은 기다렸다는 듯이 마녀사냥에 나섰습니다. 그들은 "주동자를 사형시켜야 한다"라고 사설로 대중을 선동했습니다. '여론 재판'으로 몰아가기, 그것이 마녀사냥의 전형적 수법이지요. 이것이 세계 노동 운동사에 길이 남은 '헤이마켓 사건' 입니다.

결국 미국 법원은 기소된 전원에 유죄를 선고하고 '주동자' 5명에 사형 선고를 내렸습니다. 그 가운데 한 명이 재판관을 응시하며 최후 진술한 사자후는 지금도 저 역사의 골짜기에서 메아리를 울리고 있습니다.

"만약 그대가 우리를 처형함으로써 노동 운동을 쓸어 없앨 수 있다고 생각한다면, 그렇다면 우리의 목을 가져가라! 가난과 불행과 힘겨운 노동으로 짓밟히고 있는 수백만 노동자의 운동을 없애겠단 말인가! 그렇다. 당신은 하나의 불꽃을 짓밟아 버릴 수는 있다. 그러나 당신 앞에서, 뒤에서, 사면팔방에서 끊일 줄 모르는 불꽃은 들불처럼 타오르고 있다. 그렇다. 그것은 들불이다. 당신이라도 이 들불을 끌 수 없으리라."

이듬해인 1887년 11월 11일 4명이 교살당했습니다(다른 한 명은 사형 직전 감옥에서 자살했지요). 6년 뒤 시카고 주지사는 재판이 부당했다며 살아남은 노동 운동가들을 사면했습니다. 짐작했을지 모르겠지만, 사제 폭탄의 폭발은 경찰의 자작극으로 밝혀졌습니다. 노동 운동을 '일망타진' 하려는 교활한 흉계였지요.

 법치주의라는 게 얼마나 반민주적이고 위험한가를 핏빛으로 보여 주는 사례입니다. 1789년 프랑스 혁명 시기나 1890년대 미국 시카고의 사례를 들었습니다만, 시간과 공간을 조금 더 가까이 돌려 1970년대 한국을 돌아볼까요. 억울하게 처형당한 사람들은 결코 19세기 말의 노동 운동가들만이 아닙니다.

2. 한국 법치주의의 야만성

 대한민국에서 법치의 이름으로 저지른 야만의 상징은 '국가보안법'입니다. 국가보안법 혐의자를 마구 연행해서 장기 구금하며 고문하고 자백을 받아 낸 뒤 감옥에 가뒀지요. 법의 이름으로 사형을 선고하고 집행한 대표적 사례가 이른바 '인혁당 재건위 사건'입니다.

 1964년. 중앙정보부(현 국가정보원)는 "대한민국을 전복하라는 북괴의 노선에 따라 움직이는 반국가 단체로 각계각층의 인사들을 포섭, 당 조직을 확장하려다가 발각"됐다며 '인혁당(인민혁명당)' 사건을 처음으로 발표합니다. 당시 법원은 증거가 충분하지 않다는 이유로 중앙정보부의 수사 결과를 대부분 받아들이지 않고, 최대 징역 3년을 선고했습니다.

 그런데 가물가물 잊혀져 가던 인혁당이 다시 나타납니다. 박정희가 국민의 대통령 선출권을 빼앗은 유신 체제를 선포한 직후였지요. 대학가를 중심으로 박정희 독재 체제에 반대하는 싸움이 전국 곳곳으로 퍼져 가던 시기에 중앙정보부는 학생 운동 조직인 전국민주청년학생연맹(민청학련)의 배후가 '인혁당 재건위'라며 이들을 '일망타진' 했다고 발표했습니다. 1974년 4월 국가보안법 위반 혐의로 23명이 구속되었지요. 대다수가 대구 경북 지역에서 민주화 운동을 벌이던 생활인이었습니다. 권력의 시녀로 전락한 법원은 도예종·여정남·김용원·이수병·하재완·서도원·송상진·우홍선 8명에게 사형을 선고합니다. 나머지 15명에게도 무기징역에서 징역 15년까지 중형을 선고했지요.

여기서 놀라운 일이 벌어집니다. 대법원 확정 판결이 내려진 뒤 겨우 18시간 만인 1975년 4월 9일, 사형 선고받은 8명은 형장의 이슬로 사라집니다. 대통령의 사전 지시가 없으면 가능하지 않은 일이었지요. 박정희가 얼마나 잔인한 인간인가를 입증해 준 사건입니다. 스위스 제네바에 본부를 둔 국제법학자협회는 1975년 4월 9일을 '사법사상 암흑의 날'로 선포했습니다.

군부 독재 정권이 무너지고 민주화가 진행된 2002년 9월에 이르러서야 국가기관인 의문사진상규명위원회가 "인혁당 재건위는 고문으로 조작된 조직"이라고 발표합니다. 같은 해 12월 처형당한 8명의 유족들이 서울중앙지법에 재심을 청구했지요. 마침내 2007년 1월 23일 선고 공판에서 서울중앙지법은 사형이 집행된 8명에게 무죄를 선고했습니다. 뒤늦게 사법부가 잘못을 인정했고 유족에게 경제적 보상도 있었지만, 억울하게 처형당한 사람들과 가족에게 얼마나 위로가 되었을까요?

한국 정치사에서 '법적 살인'은 이뿐만이 아닙니다. 이승만 정권 시기에 사형당한 진보당 당수 조봉암이나 박정희의 쿠데타 직후 체포된 《민족일보》 발행인 조용수 역시 아무런 증거 없이 사형당한 바 있으니까요.

무조건 '법치주의'를 부르대는 사람은 자신이 의도했든 아니든 자칫 민주주의의 적이 될 수 있습니다. 과연 법이란, 법치주의란 무엇인가를 깊이 톺아볼 필요가 여기 있지요.

조선 왕조에 이어 일본 제국주의가 지배 체제를 형성했고 이승만 독재, 군부 독재로 이어지면서 한국 사회 구성원 대다수에게 법은 통제의 의미로 뿌리내렸습니다. 법을 지키지 않으면 '잡혀간다'거나 무조건 법에 순종해야 한다는 통념이 보편화돼 갔습니다. 하지만 민주주의 사회에서 법은 결코 특권 세력이나 특정 세력만을 위한 법일 수 없습니다.

토지 독점과 신분 제도에 근거한 왕정이라면 "짐이 곧 국가다"라고 얼마든지 선포할 수 있었지요. 기실 왕정 시대에는 왕의 교시가 곧 '국법'이 되는 게 자연스러웠습니다. 그러나 헌법이 명문화하고 있듯이 모든 국민이 법 앞에 평등하다면, 법 자체가 평등을 이상으로 삼아야 옳겠지요.

따라서 법치를 강조하기 이전에 그 법을 누가, 어떻게 만드는지 살펴야 합니다. 민주주의의 출발점인 시민 혁명에 나선 사람들은 국법을 자신들의 대표 기관이 만들어야 한다고 판단했습니다. 시민 혁명을 기점으로 입법 기관인 의회가 힘 있게 출현하는 까닭입니다. 모든 사람이 법을 만드는 데 직접 참여할 수 없기 때문에 자신들의 의사를 대표하는 사람이 법을 만들도록 제도화했지요.

법을 만드는 곳, 그곳이 입법부이고 국회입니다. 국회는 국민 개개인의 삶, 일상생활에 영향을 주는 법을 만들거나 고치고 없애는 일을 하지요. 우리가 의식하지 못해서 그렇지 현대 사회에 살아가는 우리 모두는 촘촘하게 짜인 법체계 속에서 살아갑니다. 태어나자마자 우리는 부모의 조국으로 편입되어 그 국법을 따라 출생 신고를 하며 그 순간부터 특정 국가의 구성원으로 살아갑니다. 태어난 병원, 유치원, 초등학교 등 모든 기관과 제도가 법적 근거를 갖고 있지요. 어머니의 젖을 뗀 뒤 먹는 모든 음식, 사용하는 모든 상품은 물론, 그것을 생산하는 기업도 법적인 토대를 갖추고 있습니다. 국회의원들의 입법 활동에 대해 그들을 대표로 선출한 국민이 관객처럼 구경만 해서는 안 될 이유가 여기에 있지요.

국민은 언제나 법을 지켜야 한다는 의미만 강조하는 법치는 민주주의와 거리가 멉니다. 법을 만들고 고치고 없애는 과정에 국민이 하나의 주체로 참여할 수 있을 때, 법치는 비로소 민주주의입니다. 한 사회가 풀어야 할 문제가 무엇인가를 찾아 그것을 해결하는 법을 만들거나 고치고 없애는 일, 그것이 바로 정치입니다. 민주주의를 법치 아닌 정치로 정의하는 까닭입니다.

법치주의자 가운데 더러는 법을 만들고 고치는 일도 법치에 포함된다고 반론을 펼 수도 있겠지요. 하지만 우리 국어사전의 뜻만 보더라도 법치는 "법에 의하여 나라를 다스림"입니다. 누군가 법치를 강조할 때, 민주주의를 법치주의라고 주장할 때, 그 사람이 역점을 두고 있는 것은 법질서의 준수이거나 '법으로 다스리기'입니다.

법치주의자들이 가장 좋아하는 경구가 있지요. "악법도 법이다." 아마도 적잖은 사람이 이 말을 소크라테스가 한 이야기로 알고 있을 터입니다. 박정희 – 전두환 독재 정권 시기에 소크라테스가 "악법도 법이다"라고 말하며 독배를 마셨다고 중고등학교 교과서에서 가르쳤고 시험 문제로도 출제하던 때가 있었지요. 하지만 소크라테스는 그 어디에서도 "악법도 법이다"라는 말을 하지 않았습니다. 소크라테스가 사형 선고를 받고 독배를 마신 사실을 자의적으로 해석해 그런 말을 직접 남긴 것처럼 조직적으로 퍼뜨린 세력의 의도는 충분히 짐작할 수 있습니다. 독재 정권에 저항하는 민주주의 싸움을 '법'의 이름으로 탄압하려는 속셈이었지요.

우리가 '악법도 법'이라는 명제를 받아들인다면, 로베스피에르의 웅변에서 확인할 수 있듯이 시민 혁명은 불법이 되었겠지요. 8시간 노동제를 요구하며 싸우다가 억울하게 처형당한 노동 운동가들은 한낱 불온한 범법자들 아닐까요. 그렇다면 우리는 지금도 하루 12시간이 넘는 노동 시간을 당연하게 받아들이며 살아갈 수밖에 없을 터입니다. 하루 노동 시간을 8시간으로 입법하기까지 수많은 사람이 목숨을 잃었습니다. 그들은 역사 발전에 기꺼이 자신을 희생한 사람들입니다.

인혁당 사건도 마찬가지입니다. 박정희 군부 독재 정권이 조직을 조작해 처형한 일 또한 법의 절차에 따라 이뤄졌습니다. 더러는 그것은 법 자체의 문제가 아니라 법의 남용 때문에 빚어진 일이라고 주장합니다. 하지만 인혁당 사형수들만이 아니라 민주주의를 위해 나섰던 수많은 사람들이 국가보안법에 의거해 참혹하게 고문당하거나 목숨을 빼앗겼습니다. 남용될 수 있는 법은 마땅히 없애는 게 옳겠지요.

시대에 맞지 않는 국가보안법은 왜 유지되는가

국가보안법은 만들어질 때부터 비판 여론이 높았습니다. 1948년 12월 1일에 공포된 국가보안법의 '모태'는 일본 제국주의자들이 만든 '치안유지법'이었습니다. 대한민국 정부가 수립된 지 4개월이 채 되지 않은 시점에 총 6개조로 구성돼 법률 제10호로 공포 시행됐지요.

국가보안법의 제정 목적은 "국헌을 위배하여 정부를 참칭하거나 그에 부수하여 국가를 변란할 목적으로 결사 또는 집단을 구성하는 행위"에 대한 처벌이었습니다. 실제 이 법은 내란 행위 자체보다는 내란 유사의 목적을 가진 결사·집단의 구성과 가입 자체를 처벌하는 데 초점이 맞춰졌지요. 특정 조직이 구체적 위법 행위로 표출되지 않더라도 조직의 구성·가입만으로 처벌할 수 있게 하는 치안유지법의 사상 탄압 방식이 그대로 계승된 셈입니다.

애초 국가보안법은 대한민국 건국 한 달 만인 1948년 9월 20일에 '내란행위특별조치법'이라는 이름으로 국회에 제출되었습니다. 당시 남쪽만의 단독 정부 수립에 반대한 제주 4·3항쟁과 그 여파인 여수-순천 사건으로 정국이 몹시 어수선한 상황이었지요. 법안을 만드는 과정에 국민 여론을 반영하지 않았음은 물론, 법률 전문가의 의견을 수렴하거나 제정에 반대하는 국회의원들과 토론하는 과정도 없었습니다. 이름만 '국가보안법'으로 바뀌었을 뿐입니다.

당시 상황을 생생하게 전하는 신문 기사가 있습니다. '국가보안법에 대한 각계 여론' 제하의 기사(세계일보, 1948년 11월 19일 자)를 읽어 볼까요.

> 지난 10월에 발생한 전남 폭동 사건(저자 주: 여순 사건)을 계기로 하여 치안 안정에 급한 나머지 국회 법제사법위원회에서는 전 5조로 된 국가보안법을 기초하여 국회에 상정하게 되었다. 그러나 보안법 상정과 아울러 국회의원 중에서는 이를 가르켜 비민주주의적이라고 지적하여 맹렬히 반대하였으며 보안법 내용에 있어 추상적인 동시에 대상의 모호함을 지적한 바 있었다. 민중은 지난 40년간 지나치게 억압되었었다. 파괴적인 자유를 기대함이 아니라 정신적인 자유와 잃었던 정치적 자유를 갈망하고 있으며, 다대한 기대 속에서 탄생한 대한 정부는 마땅히 민의를 고루고루 살펴 즐비한 법규

에 앞서 간소한 헌법의 효과적인 운영을 기대하여 마지않는 바이다.

우리는 당대를 기록한 이 기사에서 국가보안법이 만들어질 때부터 "비민주주의적"이라는 "맹렬한 반대"가 있었던 사실을 확인할 수 있지요. 이후 법은 몇 차례 개정되는데요. 법이 만들어진 이듬해 1차 개정할 때도 비판 여론이 빗발쳤습니다. 그러자 당시 법무장관은 국가보안법 개정으로 인한 인권 유린의 염려는 없다는 담화를 발표합니다. 담화문은 "이와 같은 법률은 영구히 시행될 것이 아니고 다만 잠정적인 비상시의 탄환으로 알아야 할 것"이라고 민심을 무마했습니다(서울신문 1949년 12월 9일 자). 하지만 그 "잠정적인 비상시의 탄환"은 그 뒤 반세기가 넘게 시행되고 있습니다.

대한민국 형법을 만들던 1953년 4월 국회 본회의에서 대법원장 김병로는 형법이 제정됨에 따라 '국가보안법으로 처벌할 대상을 처벌하지 못할 조문은 없다'고 밝혔지요. 하지만 대법원장의 의견과 달리, 전시라는 명분 아래 국가보안법은 살아남았을 뿐 아니라 이승만 정권 말기에 이르면 더욱 심하게 개악됩니다. 1958년 2월, 국회는 국가보안법을 개정하며 언론을 탄압하기 위해 "인심 혹란죄"라는 지극히 주관적인 규정을 둡니다. 거세게 반대하는 야당 국회의원들은 동원된 무술 경관들에 이끌려 국회의사당 밖으로 내몰렸지요. 결국 개정안은 여당인 자유당 의원만으로 3분 만에 날치기 통과됩니다.

더러는 북쪽의 대남 전략과 법체계가 변하지 않았는데 남쪽만 국가보안법을 폐지하는 게 형평성에 맞지 않다는 주장도 폅니다. 하지만 북쪽에는 남쪽의 국가보안법과 같은 '특별법'이 없습니다. 더구나 조선민주주의인민공화국 헌법 제9조는 사회주의 건설의 범위를 북쪽으로 한정짓고 있지요. 북쪽 형법에 '공화국'을 전복하려는 무장 폭동, 테러, 간첩 행위 등 '국가 주권을 반대하는 범죄'와 '민족 해방에 반대하는 범죄'를 규정하고 있지만, 그런 조항은 우리 형법에도 있습니다. 내란·외환·간첩죄가 있으니까요. 따라서 국가보안법 폐지가 북쪽의 법체계와 '형평성'에 맞지 않는다는 주장은 사실과 다른 자극적 선동에 지나지 않습니다.

이 지점에서 우리는 찬찬히 짚어 볼 필요가 있습니다. 왜 대한민국의 특정 세력은 지금 이 순간까지 국가보안법을 결사적으로 '사수'할까요? 왜 미국의 지배 세력은 8시간 노동을 보장하는 입법을 막기 위해 폭탄 사건을 조작하면서까지 노동 운동가들을 처형했을까요?

이런 물음에 답을 얻기 위해서는 실제 우리가 살아가는 현실에서 벌어진 입법 과정을 톺아보는 게 도움이 될 성싶습니다. 국가보안법처럼 특정 세력이 주도해서 일방적으로 법을 만드는 게 단순히 60여 년 전만이 아니라 21세기 이 땅에서도 생생히 나타나고 있으니까요.

날치기·대리 투표로 만들어진 미디어법

2009년 7월 22일, 대한민국 국회는 정치사에 길이 남을 법을 제정합니다. 그 법이 훌륭해서가 결코 아니지요. 법 제정 과정 자체가 헌법재판소까지 갈 정도로 논란이 되었을 뿐만 아니라 법 내용도 한국의 민주주의에 큰 영향을 끼칠 사건입니다.

이날 18대 국회의 과반 의석을 차지한 한나라당은 신문법안과 방송법안을 모두 '날치기·대리 투표'로 통과시켰습니다. 한나라당 의원들이 국회 본회의장 의장석을 철통처럼 에워싸고, 국회의장 김형오 대신 사회를 본 국회부의장 이윤성이 의사봉을 두들겨 순식간에 법안들을 통과시켰지요.

의사봉을 두드리는 순간까지 신문법안과 방송법안은 그 내용이 공개되지도 않았습니다. 심지어 날치기에 동원된 한나라당 의원들조차 정확한 내용을 알지 못한 채 표결에 참여했다고 하지요. 야당의 반대는 물론, 신문과 방송 현업인들의 단체인 언론노동조합의 파업, 시민 사회단체의 반대도 모르쇠 했습니다. 21세기 대한민국에서 법이 어떻게 만들어지는가를, 그 법이 어떻게 국민의 삶을 틀 지우는가를 상징적으로 보여 준 사건입니다.

날치기·대리 투표로 통과시킨 법의 내용을 살펴볼까요. 이 법은 공공 자산인 전파를 사용하는 지상파 텔레비전 방송을 거대 자본이 장악할 수 있는 길을 터놓았습니다. 대기업과 신문의 지분 소유를 10퍼센트까지 허용했지요. 한나라당 국회의원 나경원이 대표 발의한 한나라당의 당초 개정안은 대기업과 신문 자본의 지상파 방송 소유를 20퍼센트까지 허용했는데, 그 비율을 10퍼센트로 줄인 게 야당에 '양보' 했다는 전부입니다.

하지만 대기업과 신문 자본이 지분의 10퍼센트만 소유하더라도 방송 경영을 얼마든지 좌우할 수 있는 게 현실이지요. 그 법에 근거해 설립되는 종합편성채널에는 대기업과 신문 자본이 지분의 30퍼센트를 소유할 수 있고, 외국 자본도 20퍼센트까지 소유할 수 있습니다. 보도전문채널에는 대기업과 신문 자본 30퍼센트, 외국 자본이 10퍼센트까지 소유하게 되었지요.

날치기·대리 투표로 만든 미디어법에서 우리는 이명박 정부와 한나라당이 노골적으로 대기업 자본-신문 업계에서 《조선일보》《동아일보》《중앙일보》는 '신문 재벌' 이라는 말이 나돌 만큼 대기업입니다-의 이익을 대변한다는 사실을 새삼 확인할 수 있습니다. 한나라당은 '글로벌 시대'에 미디어 산업의 경쟁력을 강화하기 위해서라는 '명분'을 세웠지요. 그 논리는 대기업 자본을 중심에 둔 한나라당 경제 정책의 연장선입니다.

물론 민주주의 사회에서는 다양한 정당이 다양한 세력의 이익을 대변할 수 있습니다. 그러니 한나라당이 대기업 자본을 대변한다고 하더라도 그 자체가 문제일 수는 없겠지요. 문제는 한나라당이 대기업 자본의 이익을 대변한다고 솔직하게 드러내지 않고, 국민 전체를 위한다고 끊임없이 국민을 기만하는 데 있습니다. 이명박 정부와 한나라당은 신문법과 방송법을 날치기·대리 투표로 통과시킨 뒤, 비판 여론을 의식해 바로 다음 달인 2009년 8월 15일, 느닷없이 '친서민 정부'를 자임하고 나섰지요. 애초 대통령에 당선된 뒤 '친기업 정부'를 자처했던 사실과 견줘 볼 대목입니다.

무엇보다 큰 문제는 신문과 방송을 포함해 미디어 전반이 대기업 자본을 대변할 때, 민주주의가 근본적으로 위협받을 수밖에 없다는 데 있습니다. 알다시피 《조선일보》《동아일보》《중앙일보》가 이명박 정부와 한나라당을 두남두는 이유는 청와대의 통제나 협조 요청을 받아서가 아닙니다. 대기업 자본의 이익을 대변하는 정당과 신문이라는 점에서 이해 관계가 맞아 떨어지기 때문입니다. 다만, 방송은 신문과 상황이 달랐습니다. 자본이 소유한 서울방송 SBS과 달리 한국방송KBS과 문화방송MBC은 공영 방송 체제였으니까요.

이명박 정부 출범 뒤에 한국방송과 문화방송 사장 교체에서 볼 수 있듯이, 권력을 쥐면 방송을 장악할 수도 있습니다. 하지만 야당이 될 때는 장악이 어렵겠지요. 방송 전반을 대기업 자본에 넘겨 버리면, 야당이 되더라도 '친기업' 정당인 한나라당을 계속 지지하지 않겠어요? 이것이 날치기·대리 투표에 재투표까지 해 가며 미디어법을 통과시킨 이유입니다.

대기업이 방송에 참여할 때 방송의 경쟁력이 높이지지 않을까라는 기대를 할 수도 있겠지요. 하지만 기업이 지상파 방송까지 진출한 미국의 방송을 둘러보면 해답이 저절로 나옵니다. 온갖 변칙으로 국회를 통과한 미디어법을 찬성하는 세력 - 그중에는 그

법으로 방송 진출을 보장받은 신문사들이 있습니다. 법 제정이 직접적 이해 당사자였던 그들은 날치기·대리 투표, 재투표에 비판적인 보도와 논평을 전혀 내보내지 않았습니다. 앵무새처럼 입을 모아 다수결 원칙만 강조했지요 – 이 세계적 미디어로 소개한《폭스뉴스》를 살펴봅시다.

거대 자본이 대주주인《폭스뉴스》는 미국의 이라크 침략 전쟁을 맹목적으로 지지했습니다. 그 결과《폭스뉴스》의 시청자들 중에 '이라크 후세인 정부가 9·11 사태의 배후'라고 잘못 알고 있는 비율은 일반 미국인보다 4배나 높았습니다. 후세인 정부와 9·11 사태는 아무런 관계도 없다는 게 명확하게 밝혀졌는데 말이지요. 뉴스가 시청자의 판단력을 마비시키는 단적인 사례입니다.

안타깝게도《폭스뉴스》만이 아닙니다. 수많은 미국의 미디어는 돈을 벌기 위해 선정적이고 폭력적 화면을 내보내는 데 일말의 머뭇거림이 없습니다. 또한 이슬람 문명을 증오하게 만들고 나라 밖에 '악의 축'을 설정해 내부에서 불거지는 불만을 밖으로 표출하는 구실을 담당하고 있지요. 이성적 대화보다 선정적이고 폭력적 선동이 시청률을 높이고 그것으로 광고 수입을 올리는 데 머리를 굴리는 게 미국 미디어의 현실입니다.

여러분은 누구나 007 시리즈를 알고 있을 겁니다. 잘생긴 배우가 악의 세력에 맞서 '정의'를 구현해 가지요. 그 악의 세력은 대체로 미국 지배 세력의 적이며, 전체 인류의 적으로 묘사됩니다. 하지만 그 007 시리즈마저 18번째 영화에선 007의 적으로 '미디어 제왕'을 그렸습니다. 그 미디어 제왕의 모델이 바로《폭스뉴스》의 사주 루퍼트 머독이라는군요.

그런《폭스뉴스》따위를 '미디어 산업의 경쟁력'이자 '발전'으로 보고 조장하는 게 2009년에 한나라당이 통과시킨 미디어법입니다. 이제 우리는 법이 우리 삶의 환경을 어떻게 바꾸는지, 미디어법이 시행되는 동안 점점 더 구체적으로 실감할 수 있을 터입니다.

3. 법치의 틀과 정치

언제나 법과 질서를 내세우며 법치주의가 민주주의라고 부르대는 사람들의 위선은 일방적 내용과 변칙 절차로 법을 만드는 데 그치지 않습니다. 법과 질서를 서슬 푸르게 강조하면서 정작 자신들은 법을 지키지 않으니까요.

이 책의 들머리에서 언급했던 위장 전입 문제를 좀 더 깊이 들여다볼까요. 한국의 법질서에서 위장 전입은 명백한 불법입니다. 그 법을 어기면 3년 이하의 징역 또는 벌금 2천만 원 이하에 처해집니다. 일부에서는 위장 전입에 '동정' 론을 펴기도 합니다. 부동산 투기가 아닌 자녀 학교 배정을 위한 위장 전입은 이해할 수 있다는 '아량' 이지요.

하지만 그건 아량이나 똘레랑스의 문제가 아닙니다. 위장 전입으로 제 자식을 '좋은 학교'에 보낸 바로 그 순간, 그 학교에 들어

갈 다른 사람의 자녀는 피해를 보기 때문이지요. 투기든 교육이든, 아니면 공무원 시험을 위해서든, 위장 전입은 남보다 이익을 얻으려는 범죄 행위임에 틀림없습니다.

그럼에도 구렁이 담 넘듯 넘어간다면 어떻게 될까요. 2009년 대법관 국회 인사 청문회에서 대법관 후보 민일영은 '법 위반인 줄 알면서 그렇게 했느냐'는 질문에 무람없이 '그렇다'고 답했습니다. 대법관만 법을 지키지 않은 게 아니지요. 대법관 인사 청문회가 진행되던 시점에서 보면 이명박 대통령과 정운찬 국무총리, 이귀남 법무장관이 모두 위장 전입했습니다. 법질서의 피라미드 맨 꼭대기로 가는 길목에 자리 꿰차고 앉은 모든 사람이 불법을 저지른 것입니다. 온전히 드러나지 않아서 그렇지 얼마나 많은 상류층들이 위장 전입을 해 왔을까요. 아니, 하고 있을까요. 하지만 한나라당이 과반 의석을 차지한 국회에서 위장 전입은 결코 문제가 되지 않습니다.

이들은 위장 전입 범죄는 '아량'으로 넘기면서, 전국 공무원 노조가 민주노총에 가입하자 서슴없이 마녀사냥을 벌입니다. 또한 법과 질서를 지킨다는 명분 아래 헌법과 노동법에 보장된 노동자의 기본권을 원천적으로 부정하는 발언도 서슴지 않았습니다. 권력의 반민주적 행태를 감시하는 게 본령인 신문, 특히《조선일보》《동아일보》《중앙일보》가 저들의 생게망게한 주장을 대서특필하며 부추겼습니다.

과연 저들의 법치란 무엇일까요? '위장 법치' 아닐까요? 스스로 법을 어기면서 국민에겐 법치를 강조하며 살천스레 집행하는 특정 세력의 모습은 두고두고 음미해 볼 대목입니다. 저들의 사소한 불법 행위를 눈감아 줄 때, 저들의 운명, 아니 저들이 끌어가는 대한민국의 운명이 어떻게 될까를 생각하면 더 그렇습니다.

문득 '사형장의 도둑' 우화가 떠오릅니다. 누구나 어렸을 때 들어 봤을 이야기이지요. 한 아이가 학교에서 공책을 훔쳐서 집에 왔어요. 어머니는 벌을 주지 않았지요. 다음에는 외투를 훔쳤고 어머니는 반겼습니다. 세월이 흘러 아이가 성장하면서 도둑질의 정도도 심해졌습니다. 결국 경찰에 잡혔고 두 손이 뒤로 묶인 채 사형장으로 끌려갔지요. 도둑은 마지막으로 어머니에게 할 말이 있다고 애원했다지요. 어머니 귀로 다가간 그는 갑자기 귀를 물어뜯습니다. 비명을 지르는 어머니에게 아들은 이렇게 절규했습니다. "내가 공책을 훔쳤을 때 벌을 주었다면 지금 이렇게 죽지 않을 겁니다."

우리 속담도 "바늘 도둑이 소 도둑 된다"고 경고했습니다. 새삼 이 말을 떠올리는 이유는 대한민국 민주주의의 앞날이 걱정스럽기 때문이지요.

지금까지 우리는 민주주의가 왜 법치가 아니라 정치인지를 짚어 보았습니다. 기실 법을 만들고 바꾸는 국회는 미디어와 더불어 아주 중요한 공론장이지요. 국회를 뜻하는 영어 'Parliament'의 어원은 "말하다/이야기하다parler"입니다. 직설적으로 말하자면 국회는 '떠드는 곳' 이지요. "민주주의는 시끄럽다, 그래서 아름답다"는 말도 같은 맥락입니다.

국민을 대표하는 사람들이 모여 대화를 나누고 토론을 통해 국가의 중요 문제들을 법으로 풀어 가는 마당, 그곳이 국회입니다. 국가보안법이나 미디어 악법을 보기로 들었듯이 국회에서 모든 사안을 다수결로 처리면서 날치기나 대리 투표도 서슴지 않는 행태는 민주주의가 아닙니다. 다수결 원칙이 곧 민주주의는 아님을 분명히 짚을 필요가 있습니다. 말끝마다 민주주의란 다수결임을 강변하는 사람들이 수두룩하기에 더 그렇습니다.

민주주의가 법치임을 일방적으로 강조하는 사람들은 민주주의가 정치임을 애써 지우려고 합니다. 국민이 정치에 무관심할수록 자신들의 이익만 증진하는 방법으로 여론과 정치를 꾸려 갈 수 있기 때문이지요.

실제 그들의 노림수는 적중하고 있습니다. 우리 주변에 많은 사람이 정치와 정치인을 혐오하고, 그보다 더 많은 사람은 정치를 자신과 무관하다고 여기고 있으니까요.

언제나 '세계 민주주의의 보루'처럼 행세하는 미국의 민주주의도 빈약하기는 마찬가지입니다. 미국의 이라크 침략 전쟁이 석유 자원을 강점하려는 패권주의 전략이었는데도 대다수 미국인이 9·11 사태와 연관 지었기 때문에 침략 전쟁을 막지 못한 사실, 시민의 자유를 제한하는 이른바 '애국자법(테러대책법)'이 미국 의회의 압도적 지지 속에 입법된 사실은 21세기 미국 민주주의의 현주소를 여실히 드러냅니다.

미국의 역사학자 하워드 진은 애국자법 따위가 입법되는 배경을 언론과 교육에서 찾습니다. 정부가 언론을 이용해 정치 선전 활동을 벌이고, 학교가 그것을 주입식으로 교육한다는 분석이지요. 하워드 진은 학생들이 정부 정책을 비판적으로 바라보는 교육을 전혀 받아 보지 못했기에 누군가 진실을 말해도 "이미 산을 이룬 거짓말들을 간파할 수는 없다"고 지적합니다.

학교가 복종심을 키우고 자주적 사고를 통제한다고 본 하워드 진은 청소년들이 자유와 민주주의를 교실에서 배우지만 "극소수의 부유층이 사회를 지배하고, 그들 반대편에는 생존을 위해, 자녀들을 먹이기 위해, 생활고와 싸우는 수많은 사람이 존재한다는 계급 사회의 실상은 전혀 배우지 못하는 실정"이라고 예리하게 비판했지요.

나아가 하워드 진은 민주주의 사상가들이 오래전부터 제시해 온 '시민저항권'을 권장합니다. 잘못된 법에 복종하지 않고 맞서는 게 민주주의의 권리라는 주장입니다. 그가 제시한 "정부는 국민과 동의어가 아니다. 필요할 경우에 국민은 정부를 교체도 해야 한다"는 간명한 명제는 민주주의의 고갱이지요.

법치 국가를 부정할 셈이냐고 오해할 수 있는 사람을 위해 하나만 덧붙이지요. 법치 국가의 온전한 뜻은 '국민의 의사에 따라 만든 법률에 의하여 다스려지는 나라'임을 주목해야 합니다. 이 말은 무엇을 의미할까요? 만일 "국민의 의사에 따라 만든 법률"이 아닌 법으로 국민을 다스린다면 어떻게 될까요? 민주주의라고 할 수 없겠지요.

  국민의 뜻을 대화와 토론을 통해 법제화함으로써 구현하는 일, 그것이 정치요, 민주주의입니다.

다수결 법치와 '허수아비 민주주의'

다수결. 한국 언론이 민주주의의 대원칙으로 언제나 강조하는 푯대입니다. 적잖은 사람이 다수결을 내세우는 주장 앞에서 논리가 궁색해 항변을 못하기도 합니다.

2007년 대선에서 이명박 후보가 당선됐고, 2008년 총선에서 한나라당이 과반 의석을 확보했으니, '날치기 표결'을 해서라도 자신들의 생각 대로 법을 만들고 집행하는 게 옳다는 논리가 지배적입니다. 하지만 과연 그럴까요?

무엇보다 먼저 이명박 정권과 한나라당이 선거에서 얻은 표는 결코 '국민 다수의 지지'가 아니었음을 확인할 필요가 있습니다. 2007년 12월 대선은 사상 처음으로 당선자의 득표율보다 기권한 유권자 비율이 더 높았지요. 이명박 후보는 전체 유권자 가운데 고작 30퍼센트의 지지를 받아 대통령에 당선되었습니다. 2008년 4월 총선은 더 심했지요. 사상 처음으로 유권자 과반수가 투표하지 않았습니다. 절반도 안 되는 유권자가 참여한 투표에서 한나라당이 원내 일당이 되었을 뿐입니다. 대선이든 총선이든 한나라당이 국민 다수를 대변한다는 주장은 옳지 않습니다. 착시 현상에 불과하지요.

백번 양보해서 선거 공약으로 다수의 지지를 받았다 하더라도 그 '다수결'이 절대 원칙일 수는 없습니다. 더구나 한나라당은 자신들이 공약한 '대학 등록금 절반 인하'를 모르쇠 했습니다. 다수결 원리의 일방적 해석이 지닌 문제는 비단 선거 공약 문제에 그치지 않지요. 가장 중요한 문제가 남아 있습니다. 다수결이 민주주의 원칙이라고 할 때는 충분한 대화와 토론이 전제되어야 합니다. 그 기준이 충족되지 않을 때, 다수결은 벅벅이 독재로 흐를 수밖에 없습니다.

문제는 다수결의 원칙이 지닌 한계를 넘어서려 노력하기는커녕 국회에서 표결만 강행하는 정치 세력에 있습니다. 2009년 7월에 미디어법이 만들어지는 과정은 공론장의 가장 중요한 제도인 신문과 방송, 국회의 문제점을 여실히 드러내 주었지요. 저조한 투표율로 국회 과반 의석을 차지한 정당이 변칙으로 법안을 통과시킨 사실, 미디어법의 통과에 직접적 이해관계가 얽힌 신문사들이 비정상적으로 법이 만들어지는 과정에 톡톡히 한몫 든 사실은 이 나라의 법치주의를 다시 성찰하게 해 줍니다.

이명박 정부가 강행하는 '4대강 개발'도 마찬가지입니다. 한반도 대운하 사업의 1단계임을 굳이 숨기지 않은 이명박 정부는 국회 표결로 기어이 예산을 확보했습니다. '4대강 살리기'가 아니라 토목 사업으로 생태를 파괴하는 '4대강 죽이기'라는 여론은 철저히 묵살당했습니다.

기실 미디어법이나 4대강 예산 모두 그 시점의 여론 조사에선 반대가 훨씬 많았습니다. 국회 다수결이 국민의 다수 의사와 배치되는 상황은 대의 민주주의의 명백한 한계입니다. 바로 그렇기에 대화와 토론, 곧 '정치'가 필요하지만 한국 민주주의는 정반대이지요. 대화도 없고 정치도 실종된 법치주의는 민주주의를 허수아비로 만듭니다.

5장 민주주의는 경제다

생계 차원을 넘어 창조적 경제생활을 하라

"민주주의가 말 그대로 '민중의 자기 통치'라면 민주주의가 이뤄지는 사회에서는 마땅히 민중이 잘 살아야 합니다. 민중이 밥을 먹게 해 주는 것은 물론, 더 잘 먹게 해 주는 게 민주주의여야 마땅합니다. 바로 그 점에서 민주주의는 정치인 동시에 경제여야 옳지요."

1. 민주주의가 밥 먹여 주지 않는다?

정치를 혐오하는 사람들이 퉁명스럽게 던지는 물음이 있습니다.
"정치가 밥 먹여 주니?"
이런 말을 하는 사람들은 "그럴 시간에 '자기 계발'이나 하라"는 말도 서슴지 않지요. 비슷한 비아냥거림이 또 있습니다. 군부 독재 시절에 유포됐지만 여전히 보수주의자들이 들먹이는 말이지요.
"민주주의가 밥 먹여 주니?"
이들을 보고 정치의식이 없다거나 민주주의 의식이 없다며 무시하는 사람들도 적지 않습니다. 하지만 정치가, 민주주의가 밥 먹여 주는가라는 물음은 허투루 넘길 문제가 아닙니다. 많은 사람들이 "정치가 밥 먹여 주니?"라거나 "민주주의가 밥 먹여 주니?"라는 물음에 공감하기 때문만이 아니지요. 민주주의의 고갱이와 직결된 문제이기 때문입니다.

　미국 대통령을 지낸 빌 클린턴의 유명한 슬로건이 있지요. 클린턴이 1992년 아칸소 주지사로 대선에 출마했을 때, 상대는 현직 대통령 조지 허버트 부시였습니다. 그의 재임 기간에 소련과 동유럽의 공산주의 체제가 도미노 무너지듯이 몰락했지요. 재선에 나선 부시가 자신이 냉전 체제를 종식시켰다며 '대외 업적'을 선전할 때, 클린턴이 던진 한마디가 바로 "바보, 문제는 경제야 It's the economy, stupid"였습니다. 대선 내내 그 말이 대세를 이뤘고, 무명의 클린턴은 부시를 이기고 대통령이 되었습니다.

　클린턴의 선거 슬로건, "바보, 문제는 경제야"라는 말의 메시지는 분명합니다. 만일 정치가 밥을 먹여 주지 못한다면, 특히 민주주의가 밥을 잘 먹여 주지 않는다면, 어떻게 될까요? 자신과 가족의 생존권이 언제든 위협받을 수 있는 처지에 놓인 사람들은 민주주의에 등 돌리기 십상입니다.

　민주주의는 밥을 먹여 주는 경제보다 한 수 위인 고귀한 일이라고 생각하는 사람들은 대체로 먹고 사는 데 아무런 지장이 없는 '중산층'일 가능성이 높습니다. 예컨대 김대중, 노무현 정부 시기에 비정규직으로 전락하거나 더 가난해진 사람들, 파업을 벌이다가 감옥에 간 노동자들, 집회를 열고 시위를 벌이다가 맞아 죽은 사람의 유족들, 생존권에 위협을 느끼며 자살을 고심하는 사람들에게 민주주의란 과연 무엇일까를 진지하게 성찰해 볼 필요가 있습니다. 실제로 그런 사람들 가운데 적잖은 이들이 2007년 12월 대선에서, 10년 동안 집권했던 민주당을 심판하는 의미로 한나라당 후보에게 표를 던졌습니다.

과연 그 사람들을 정치의식이 없다고 비판만 할 수 있을까요? 민주주의가 말 그대로 '민중의 자기 통치'라면 민주주의가 이뤄지는 사회에서는 마땅히 민중이 잘 살아야 합니다. 민중이 밥을 먹게 해 주는 것은 물론, 더 잘 먹게 해 주는 게 민주주의여야 마땅합니다. 바로 그 점에서 민주주의는 정치인 동시에 경제여야 옳지요.

그런데 대다수 사람들이 민주주의는 정치일 뿐 경제와 무관하다고 생각합니다. 경제는 전문가들의 영역이어서 일반인들이 이해하기는 어렵다고 예단합니다. 실제로 언론과 대학의 경제학자들이 그런 풍토를 조장하기도 하지요. 예를 들어 볼까요.

언론이 10대 청소년을 비롯한 독자들에게 경제를 어떻게 가르치는지 보여 주는 좋은 보기가 있습니다.《조선일보》경제 섹션에 실린 "盧 정부는 왜 공무원 數를 늘리나요"/ 학생들 송곳 질문에 韓 부총리 진땀" 제하의 기사(2006년 2월 21일 자 경제 B3면)를 읽어 보죠.

"작은 정부가 효율적이라고 배웠는데 왜 공무원 수를 늘리나요."
한덕수 경제 부총리와 김진표 교육 부총리가 20일 전국 고교생 경제 경시대회 수상 학생들과 점심을 함께하는 자리에서 학생들의 날카로운 질문에 진땀을 흘렸다.

5장 민주주의는 경제다

두 부총리와 마주 앉아 점심을 먹던 경기고 임규리 학생은 "1970년 이후 작은 정부가 효율적이라고 배웠어요. 그런데 왜 노무현 정부는 공무원 수를 늘리는 등 큰 정부로 나가고, 세수를 확대 하나요"라고 물었다.

이에 대해 한덕수 부총리는 "집안 사정이 어려워 기본 식생활을 못 하는 국민들이 있는지 파악할 인력, 치안을 위한 경찰, 교육을 담당하는 선생님 등 국가와 국민을 위한 최소한 서비스를 제공하는 인력을 늘려 가자는 것"이라고 해명했다.

짧지만 기사의 전문입니다. 열흘이 지난 뒤 《조선일보》 경제부장은 "고교생도 아는데 정부만 모르나" 제하의 칼럼(2006년 3월 3일 자 A35면)을 씁니다. 칼럼의 전반부를 읽어 볼까요.

"작은 정부가 효율적이라고 배웠는데요."

고교 1년생의 돌연한 질문을 받고 한덕수 경제부총리는 진땀깨나 뺐을 성싶다. 엊그제 경제 경시대회 수상자들이 한 부총리 등과 점심 먹는 자리에서, 임규리(경기고 1년·동상) 학생이 던졌다는 질문이 하도 신통해 전화를 걸어 추가 취재를 해 보았다.

– '작은 정부' 문제는 어디서?(기자)

"책에서 읽었어요. 이준구·이창용의 '경제학 원론' 이던가? 스태그플레이션(물가 상승 속 경기 침체)이 시작되면서 재정 지출을 늘리는 큰 정부 정책은 유효하지 않게 됐다고요."(임 군)

- 지금 정부는 어떤데요?(기자)

"공무원 늘리고, 세금을 더 거둬 빈곤층에 나눠 주려는 정책 같아요. 그런데 이건 일시적 효과만 있지 오래 못 가잖아요. 빈곤층을 더 빈곤하게 만들 수도 있다고 하던데요."(임 군)

똑 부러지는 해설에 무릎을 치고 말았다. 약자弱者를 위하려는 정책이 도리어 약자에 해가 될 수 있다는 '복지의 역설逆說'은 이미 입증이 끝난 명제인데, 고교생도 아는 진리를 정부와 몇몇 분배 지상주의자들만 모르는 척한다. 경제란 본래 선택이라지만, 지금 벌어지는 경제 논쟁엔 어느 게 사실이고 거짓이냐의 '진실 게임'으로 판가름 내야 마땅한 것들이 많다. 허구로 판정 났거나 유효 기간이 지난 도그마, 정치적 복선이 깔린 구호 등이 마치 선택 가능한 대안인 것처럼 호도되고 있기 때문이다. 이를테면 큰 정부냐, 작은 정부냐는 더 이상 선택 사항이 아니다. 정부가 마음에 안 들면 기업도 자본도 손쉽게 다른 나라로 옮겨 가는 글로벌 경쟁의 시대에서 '큰 정부'의 생명력이 다했음은 이미 논쟁이 끝난 '사실'의 영역에 속한다.

보기로 든 경제부장의 칼럼은 '경제 경시대회'에서 동상을 받은 고등학생의 말을 인용해 기자 자신의 주관적 생각을 '진실'이라고 강변하고 있습니다. 경제부장은 거침없이 "큰 정부냐, 작은 정부냐는 더 이상 선택 사항이 아니다"라고 잘라 말하고 있지요. 이른바 "글로벌 경쟁의 시대에서 '큰 정부'의 생명력이 다했음"은

"이미 논쟁이 끝난 '사실'의 영역"이라고 단언합니다. 칼럼의 마지막은 다시 고등학생과의 대화로 마무리됩니다.

다시 임규리 군과의 대화. 공무원이 늘어난 이유에 대해 한 부총리는 "극빈자 파악과 치안·교육 인력이 늘어났기 때문"이라고 대답했는데, 임 군 반응이 궁금했다.
- 부총리 대답에 납득이 가나요?(기자)
"제가 확인할 길이 없으니 말씀하신 대로 받아들여야죠."(임 군)
아아, 똑똑하지만 순진한 임 군. 정부가 거짓말이야 하겠느냐고 믿는 모양인데, 정부가 극구 감추려는 사실 한 가지만 알려 주고 싶다. 한 부총리가 인사권을 쥔 재경부만 해도, 할 일 없이 떠도는 이른바 '인공위성(무보직 유휴 인력)'이 수십 명에 달하노라고.

과연 《조선일보》 경제부장과 대화를 한 고등학생은 경제를 더 정확하게 바라볼 수 있었을까요. 아침 신문에 자신의 이야기가 나온 칼럼을 어떻게 읽었을까요. 그 학생만이 아니지요. 한국에서 발행 부수가 가장 많은 그 신문의 독자들은 경제를 어떻게 바라볼까요.
문제의 경제부장이 "똑똑하지만 순진한" 고등학생을 가르치며 칼럼을 쓰는 동안에도 《조선일보》 밖에서는 수많은 사람들이 '시장 만능주의'인 신자유주의의 한계를 지적하고 있었습니다. 더구나 당시 노무현 정부는 《조선일보》 경제부장의 주장처럼 '큰 정부'를 지향하지도 않았습니다. 대통령 시절 노무현 스스로 "권력은 이제 시장으로 넘어갔다"고 공공연히 밝혔으니까요. 정부 부처에 이른바 '인공위성'이 있었다면, 대통령 자신이 권력은 시장으로 넘어갔다며 정부가 할 일을 스스로 제한하거나 포기한 데서 비롯한다고 보아야겠지요. 정부가 공공사업을 대폭 확대함으로써 공무원들에게 할 일을 주었어야 하는데 그냥 놀린 셈이니까요.

'작은 정부'의 파산은 무엇을 의미하나

《조선일보》가 "이미 논쟁이 끝난 사실의 영역"이라고 주장한 '작은 정부'는 2008년 9월 미국의 금융 위기가 왔을 때 '파산' 했습니다. 미국 정부는 물론, 세계 각국의 정부가 은행 한시적 국유화를 비롯한 경제 개입에 나서고, 긴급 재정 정책으로 파국을 가까스로 모면해 갔습니다. 《조선일보》만 구독하는 독자들에게는 1997년 구제 금융 사태가 그러했듯이, 2008년 세계 금융 위기도 어느 날 갑자기 '마른하늘 날벼락'처럼 닥쳐 왔을 겁니다. 《조선일보》는 1997년 구제 금융 사태 직전까지 한국 경제가 위험하지 않다는 기사와 논평을 부각해 왔으니까요.

그와 관련해 한국 사회에서 시사 용어로 확고하게 자리 잡은 '글로벌 스탠더드'도 명료하게 정리할 필요가 있습니다. 한국에서 살아가는 대다수 사람은 글로벌 스탠더드가 곧 세계화이고, 세계화의 핵심은 신자유주의로 알고 있습니다. '신자유주의 = 세계화

= 글로벌 스탠더드'가 등식으로 연결됐지요.

여기서 '글로벌 스탠더드'나 '세계화'라는 말에 비해 '신자유주의'라는 말이 낯설게 다가올 수도 있습니다. '신자유주의'보다 앞의 두 말을 더 자주 쓰기 때문이지요. 더러는 '신자유주의'라는 말을 민중이 이해하기 어렵다며 아예 제쳐 두려고 하지만, 결코 그럴 문제가 아닙니다. 우리 경제생활을 틀 지우고 있는 신자유주의를 정확히 알아야 그것을 넘어설 수 있기 때문입니다. 신자유주의를 아는 국민이 늘어나면 늘어날수록 넘어서기가 수월해지겠지요.

신자유주의는 전혀 어려운 개념이 아닙니다. 기업에 대한 규제를 완화하고 법인세를 대폭 줄여야 한다, 외국 투자자들에 국내 모든 영역을 개방해야 한다, 공기업을 '민영화'하고 작은 정부를 구현해야 한다, 노동 시장을 '유연화'해야 경쟁력이 높아진다는 이야기는 많이들 들어 봤을 겁니다. 바로 그 탈규제, 감세, 전면 개방, 민영화, 노동 시장 유연화를 한마디로 표현해서 '신자유주의'라고 합니다.

신자유주의는 1979년 영국 총선에서 보수당의 마거릿 대처의 승리에 이어, 1980년 미국에서 공화당 레이건의 대통령 당선으로 본격화됐습니다. 그 시기 미국과 유럽의 경제는 침체기에 놓여 있었는데요. 신자유주의자들은 시장의 자유로운 경쟁과 자본의 이윤 추구에 정부가 개입해 왔기 때문에 경제 침체를 맞았다고 주장하면서 모든 것을 '자유 시장'에 맡기자고 선동합니다. 이후 미국과 영국은 자본에 대한 공적 규제를 완화하고, 생산 과정과 노동 시장의 유연화, 사회 복지 체제의 해체를 강력히 추진했지요.

신자유주의자들은 강력한 사적 소유권과 자유 시장, 자유 무역의 제도가 개인의 자유를 마음껏 펼칠 수 있게 함으로써 국민 복지도 빠르게 개선할 수 있다고 주장합니다. 정부는 그에 적합한 제도적 틀을 만들고 그 '법질서'를 지켜야 한다는 게 신자유주의 논리이지요. 이 같은 신자유주의 담론은 자본의 논리에 우호적인 미디어 산업과 대학 들을 통해 전 세계로 빠르게 퍼져 갔습니다.

한국에서도 전두환 정권 시기에 공급 중시 경제학이라는 이름 아래 '레이거노믹스(미국 대통령 '레이건'과 '이코노믹스'의 복합어입니다)'가 도입되었지만, 신자유주의가 '개혁'이란 이름 아래 본격적으로 전개된 시점은 1997년 외환 위기 이후입니다. 당시 구제금융의 조건으로 국제통화기금IMF이 제시한 '탈규제, 개방화, 민영화, 정리 해고 도입'은 신자유주의 체제의 뼈대입니다. 구제 금융을 받는 나라의 자본 시장과 무역 시장을 철저히 '자유화'하는 겁니다. 이러한 신자유주의 체제는 1990년 미국 재무부와 국제 통화기금, 세계은행이 합의한 '워싱턴 컨센서스Washington Consensus'에 근거하고 있는데요, 쉽게 말해서 미국식 시장 논리를 전 세계로 확산시키는 전략이지요.

구제 금융을 받던 1998년 9월, 한국에서 열린 '서울국제민중회의' 참가자들은 대회 마지막 날 선언문을 통해 신자유주의를 정면으로 비판하고 나섰습니다.

"신자유주의는 자본과 초국적 기업의 부와 권력을 극대화하는 것을 목표로 하는 파괴적이고 살인적인 전략으로, 민중을 단지 생산과 소비의 한 요소로 전락시키는 과정에서 개인, 계급, 국가와 지역 사이의 분열을 초래하고 있다."

서울국제민중회의의 선언문은 여론 시장을 독과점한 신문들로부터 외면당했습니다. 그러나 분명 신자유주의는 김대중, 노무현 정부 내내 부익부빈익빈을 심화시킨 원인이었습니다. 민주주의를 내건 정부에서 되레 밥 먹고 살기가 어려워진 이유였지요. 민주주의에 대한 회의 또는 냉소가 퍼져 간 까닭이기도 합니다.

2. 신자유주의와 민주주의

신자유주의는 이명박 정부가 들어선 뒤 더 극단적 형태로 한국 사회에 구현되었습니다. 2008년 2월 대통령에 취임하자마자 이명박은 대기업 규제 완화와 감세, 공기업 민영화를 노골적으로 추진했지요. '기업 친화'적 노동 정책에 더해 준법과 질서를 강조하며 '노동조합 길들이기'도 강행했습니다.

대기업 감세 정책으로 투자를 활성화한다는 명분을 내건 법인세와 상속세 인하, 종합부동산세 무력화는 이명박 정부의 공약이자, 언제나 더 많은 이윤 추구가 목적인 자본주의의 숙원 사업이었습니다. 2008년 9월, 신자유주의의 '종주국'인 미국이 금융 위기에 처하는 한계를 드러낸 후에도 이명박 정부는 신자유주의 정책을 '불도저'처럼 밀어붙였습니다.

한국 사회 구성원들 대다수가 비정규직 비율이 가파르게 상승하고 상위 20퍼센트와 나머지 80퍼센트 사이에 빈부 차이가 점점 커져 가는 부익부빈익빈 심화 현상을 '글로벌 스탠더드'로 인식하며 거스를 수 없는 '대세'로 받아들여 순응하고 있는 데는 '공론장의 대화'를 왜곡해 온 언론의 책임이 큽니다. 한 예로 이명박 정부 초기에 《동아일보》편집국 부국장 김순덕이 쓴 칼럼(2008년 2월 29일 자 31면 '개구리를 기억하세요')을 짚어 보겠습니다.

> 작은 정부, 큰 시장 등 새 정부가 추구하는 경제 정책은 1978년 덩샤오핑이, 1979년 마거릿 대처가, 1980년 로널드 레이건이 앞장선 이래 세계적으로 성공이 확인된 정책이다. 신자유주의 정책이 빈부 차를 확대시켰을 뿐이라며 주체 사상보다 사악하게 보는 사람들을 위해 (……) 세계는 경쟁을 통해 개개인과 기업의 경쟁력을 키우고 있고, 파괴의 불안이 있기에 끊임없는 창조와 발전 역시 가능하다. 그래서 '창조적 파괴' 아니던가. 새 정부가 스마트하게 정책을 집행해 나가면 참 좋겠지만 안 그래도 다음 선거까진 어쩔 수 없다. 대통령 탓할 시간에 내 경쟁력부터 키우는 게 남는 장사다.

신자유주의와 주체 사상을 대비시킨 뒤 '신자유주의 아니면 주체 사상'이라는 흑백 논리를 폅니다. 둘 가운데 하나만 선택할 수 있다는 논리의 귀결은 무엇일까요? 신자유주의를 비판하는 사람들을 주체 사상으로 몰아가는 '색깔 공세'입니다. 공론장의 대화를 가로막은 뒤 그가 독자들에게 전하는 이야기는 당혹감마저 줍니다. 대통령을 비판할 시간에 "내 경쟁력부터 키우는 게 남는 장사"랍니다. 민주주의나 사회적 맥락은 전혀 무시한 채 '자기 계발'만 강조하는 사람들과 같은 맥락이지요.

한국 언론의 신자유주의 신념은 각별합니다. 신자유주의 아니면 주체 사상이라는 흑백 논리를 편 《동아일보》는 2008년 9월 1일자 3면 전면에 걸쳐 '신자유주의 특집'을 선보였습니다. '신자유주의 70년 …… 세계 경제 빛과 그늘은' 문패 제목에 이어 주먹만 한 표제로 "작은 정부 큰 시장 지향 …… 결국 세상을 바꿨다"고 부각했습니다.

그런데 《동아일보》가 자신만만하게 1938년까지 거슬러 올라가 '신자유주의 70년'이라는 특집을 내건 시점에 그 '이념'은 적잖은 국내외 전문가들로부터 한계에 이르렀다는 지적을 받아 왔습니다. 그럼에도 '대통령 탓할 시간에 신자유주의에 맞춰 경쟁력 갖추는 게 살 길'이라고 부르대 온 신문으로서는, 현실로 드러나기 시작한 위기가 위기로 다가오지 않았을 게 틀림없지요.

특집 기사는 "최근 들어 신자유주의에 대한 비판의 목소리가 나온다. 신자유주의가 미국 주도 경제의 패권을 정당화하는 이론이라는 주장도 있다"고 쓴 뒤 곧장 "신자유주의 이념이 개인의 자유가 경제의 기반이 돼야 한다는 인식을 확산시켜 시장에 비해 '능력이 떨어질 수밖에 없는' 정부의 개입을 최소화한 것은 두고두고 평가를 받을 대목"이라고 예찬했습니다.

비단 언론인들만의 문제는 아닙니다. 경제학 교수로 한국 하이에크소사이어티 회장을 맡고 있는 민경국은 "세상을 바꾼 신자유주의" 제하의 신문 칼럼(동아일보 2008년 9월 3일 자)에서 "20세기 지독한 전체주의와 집단주의의 질곡에서 인류를 구원해 개인의 자유와 번영을 확립하는 세상을 만든" 것이 신자유주의라고 주장했습니다. 민경국은 이어 "얼마나 철저하게 확신과 신념을 갖고 신자유주의 이념과 시장 경제 원칙을 따랐는가가 개혁의 성패를 좌우한다"면서 "빈곤과 실업 등 모든 사회악을 야기하는 이데올로기라는 극단적인 지적 등 신자유주의에 대한 근거 없는 비판의 목소리도 다양하다"고 개탄했지요.

하지만 언론인과 경제학 교수가 '신자유주의 = 세계화 = 글로벌 스탠더드'임을 확신하며 그것을 내놓고 선전해 대는 바로 그 순간에, 신자유주의 종주국 미국에서 신자유주의는 곪아 터지고 있었습니다. 경제학 교수와 언론이 앞다퉈 예찬한 지 보름도 안 되어 미국의 금융 기관들이 줄지어 파산하는 금융 위기가 터졌지요. 미국과 유럽 각국 정부는 위기를 벗어나기 위해 대대적으로 국가 재정을 쏟아 부어 금융 기관들을 구제해 갔습니다. 시장과 자본의 자유에 모든 걸 맡긴 신자유주의가 논리적으로 붕괴된 셈입니다.

이로써 경제를 모두 시장과 자본의 '자유'에 전적으로 맡기는 신자유주의는 부익부빈익빈을 불러올 뿐만 아니라 종국에는 체제의 위기를 불러온다는 주장은 현실로 확인되었습니다. 시장 만능의 신자유주의는 기껏해야 20퍼센트의 삶만 더 기름지게 할 뿐이고, 나머지 80퍼센트는 경쟁 체제에서 탈락해 힘겨운 인생을 보내는 사회를 만든다는 사실을 분명히 기억해야 합니다.

신자유주의에서 '자유'란 특정 계급의 자유

여기서 우리는 민주주의와 시장의 관계를 어떻게 볼 것인가라는 문제를 피할 수 없습니다. 이미 우리는 시민 혁명을 톺아보면서 상공인 계급이 신분제에 기반을 둔 귀족 계급에 맞서 민주주의를 열어 간 사실을 숙지했습니다.

문제는 왕권을 무너뜨린 뒤 지배권을 갖게 된 상공인 계급이 보수화되어 간 데 있지요. 더구나 산업 혁명으로 제조업이 급성장하면서 상공인들은 막강한 부를 축적하게 되었고, 동시에 자신들이 고용하고 있던 노동자들의 힘이 커지는 것을 경계하게 됩니다. 노동자들이 노동 운동을 통해 자신들의 권익을 추구하면서 상공인들의 보수화는 더욱 확고해졌지요.

결국 왕권이 중심이 된 신분제 사회를 넘어 민주주의를 연 근대 사회는 축적한 부와 튼튼한 자본력을 가진 상공인들과 노동자들로 양극화되어 갑니다. 상공인들도 대자본가로 성장하거나 파산한 사람으로 분해되었지요. 자본이 중심이 된 자본주의 사회가 뿌리내리면서 자본과 노동 사이의 갈등은 무장 커져 갔습니다.

더 많은 이윤을 추구하려는 자본은 국내 시장은 물론, 나라 밖으로도 손길을 드리웠습니다. 상품 생산의 원료를 확보하고 상품 판매의 시장을 넓히기 위해 식민지를 정복해 갔지요. 바로 그것이 제국주의의 등장입니다. 그 흐름의 끝에 조선을 식민지로 만든 일본 제국주의가 있었다는 사실은 익히 알고 있을 겁니다. 자본의 논리는 언제나 이윤을 얻을 수 있는 더 많은 시장을 추구했고, 그 결과 제국주의 국가들 사이에 두 차례에 걸친 '세계 대전'이 일어납니다. 인류는 끔찍한 재앙을 겪었지요.

하지만 자본이 중심인 경제 체제에 모든 사람이 순응하지는 않았습니다. 모든 사람이 평등하고 자유롭게 자기를 계발하고 자아를 실현해 가는 사회를 꿈꾸는 사람들이 있었으니까요. 1840년대부터 노동자들 사이에 사회주의 사상이 퍼져 간 이유입니다.

대표적인 사회주의 사상가인 칼 마르크스는 모든 것을 상품화하는 자본주의가 결국 부익부빈익빈을 불러오는 것은 물론, 인간의 삶을 비인간화한다고 날카롭게 분석했습니다. 초기 저작에서 마르크스는 새로운 사회를 '인간적 사회'라고 표현했지요.

사회주의 혁명 사상이 처음으로 현실에 구현된 곳은 러시아, 1917년이었습니다. '10월 혁명'으로 불리기도 한 러시아 혁명은 암담한 당대 현실에서 전 세계 민중에게 민주주의 혁명의 열망을 심어 준 전환점이었습니다. 유럽의 제국주의 국가들이 밖으로는 광범위한 식민지 민중을 착취하고 저항하는 사람들을 학살하는 한편, 안으로는 그들 간에 피비린내 나는 살육 전쟁을 벌이던 시기였으니, 새로운 시대에 대한 염원이 강할 수밖에 없었지요.

러시아 혁명이 일어난 지 3년이 채 되지 않아 식민지 조선의 지식인들 사이에서도 사회주의 사상이 광범위한 공감대를 형성했습니다. 제국주의 타도를 내세운 러시아 혁명이 당대 식민지 지식인들에게 '복음'처럼 다가왔겠지요. 1925년 4월 조선 공산당 결성은 그 열매입니다.

마르크스의 혁명적 사상에 이어 러시아에서 실질적인 혁명이 성공하자 세계 각국의 상공인들은 긴장하기 시작했습니다. 자신들이 배제하며 억압해 온 노동자들이 혁명에 성공할 수 있다는 사실이 현실로 나타났기 때문이지요. 이때부터 대자본 중심의 상공인들과 그들을 대변하는 권력은 자신들이 부리는 노동자들에게 '채찍'만이 아니라 '당근'을 주기 시작합니다. 혁명으로 모든 걸 잃는 것보다는 혁명이 일어나지 않을 만큼 노동자들에게 양보하는 게 자신들의 부를 영속화할 수 있다고 판단했기 때문입니다.

이처럼 위로부터의 양보와 아래로부터의 싸움이 만나는 지점에서 20세기 복지 국가, 복지 민주주의가 탄생했습니다. 시민 혁명의 단두대에서 출발한 민주주의가 노동자의 등장과 함께 사회주의 사상과 혁명적 실천을 통과하면서, 경제적 민주주의가 얼마나 중요한 과제인가를 일깨워 주었기에 가능한 일이었지요.

마르크스 사상의 발전과 러시아 혁명의 성공은 각국 내부의 자본주의 체제만 변화시키지 않습니다. 소련이라는 나라가 존재한 다는 것만으로도 제국주의 국가의 식민지 강탈 정책은 크게 제약을 받았지요. 러시아 혁명을 이룬 레닌과 소련 공산당이 식민지 해방 운동을 적극 지원하고 나섰기 때문입니다. 2차 세계 대전이 끝난 뒤에도 소련은 아시아, 아프리카, 아메리카의 민족 해방 운동을 적극 지원하면서 자본주의 진영을 긴장시켰습니다.

한편 세계 대전 후 엄청난 규모로 확장된 시장을 바탕으로 한 세계적 차원의 자본주의는 케인스 경제 이론이 주류 경제학으로 뿌리내리는 데 기여했습니다. 완전 고용과 사회 안정을 위해서는 국가 개입이 필요하다는 이 이론이 위기의 자본주의를 살리는 구실을 했으니까요.

그런데 1970년대에 접어들어 세계적으로 경제 불황이 시작되고, 자본주의 경쟁 체제인 소련과 동유럽의 경제가 침체되면서 시장 만능주의자들이 다시 고개를 들기 시작합니다.

'신자유주의'를 자처한 이들은 기업과 시장의 자유를 내세우며, 국가의 시장 개입은 경제의 효율성이나 형평성을 악화시킨다고 주장했습니다. 공공복지 확대 또한 정부의 재정만을 팽창시킬 뿐, 노동 의욕을 감퇴시켜 이른바 '복지병'을 불러온다고 거세게 비난했지요.

신자유주의자들은 자본에 대한 국가의 규제를 완화하고 생산 과정과 노동 시장의 유연화, 사회 복지 체제의 해체를 통해 경제 위기를 극복할 수 있다고 주장했습니다. 하지만 2008년 9월의 미국 금융 위기는 그 주장이 얼마나 근거 없는 장밋빛이었는가를 입증했지요. 미국 금융 위기가 터지면서 모든 것을 시장에 맡기는 신자유주의는 논리적으로 종말을 고하게 되었고, 세계 경제는 장기적 침체 국면을 맞았습니다.

시장 만능주의이기 때문에 작은 정부를 추구한다는 주장도 사실과 달랐습니다. 자본에 대해서는 '작은 정부'였지만 노동자에 대해서는 언제나 '강력한 정부'로 억압했으니까요. 신자유주의를 비판하는 사람들이 '신자유주의에서 자유란 보편적 개인의 자유가 아니라 특정 계급의 자유일 뿐'이라고 분석한 이유도 여기 있습니다. 신자유주의가 도입된 영국과 미국 사회에 빈곤과 불평등이 확대된 사실이 이를 입증해 주지요.

신자유주의가 본격적으로 진행된 1980년대에 부자들은 미국 역사상 가장 많은 돈을 벌었고, 가난한 사람들은 가장 적은 돈을 벌었습니다. 신자유주의는 그것을 도입한 모든 나라의 내부만이 아니라 전 세계적으로 부익부빈익빈을 심화시켰습니다. 때로는 미국 중심의 신자유주의 세계화를 유지하고 강화하기 위해 군사적 침략도 서슴지 않았지요.

《뉴욕타임스》의 보수적 칼럼니스트 토머스 프리드먼조차 "시장의 보이지 않는 손은 보이지 않는 주먹 없이는 제 구실을 하지 못한다"고 고발했을 정도입니다. 맥도날드는 맥도넬 더글러스(팬텀기를 제조하는 미국의 대표적인 방위 산업체입니다) 없이는 번성할 수 없으며, 실리콘 밸리의 기술이 번창하도록 세계를 안전하게 유지

해 주는 보이지 않는 주먹은 미합중국 육군, 공군, 해병대라는 논리입니다. 이라크 침략 전쟁이 그 생생한 보기이지요.

1979년 영국에서 대처가 집권한 뒤 2008년 미국의 부시 정권에서 금융 위기가 터질 때까지 30년 넘게 지구촌을 지배하다가 몰락하고 있는 신자유주의는 자본의 이윤 추구가 민주주의를 어떻게 훼손할지 생생하게 가르쳐 주고 있습니다. 물론 그 교훈을 우리가 얼마나 많이 '학습' 했는가는 별개의 문제입니다.

3. 민주주의 정치 경제학

지금까지 살펴보았듯이 시민 혁명 뒤 민주주의 정치 체제의 경제는 시장과 자본의 논리를 좇는 자유주의에서 케인스 경제 이론에 근거한 적극적인 정부 개입을 거쳐, 다시 신자유주의로 선회됐습니다. 신자유주의가 논리적 파산을 맞은 2008년 9월 이후부터는 다시 정부 개입이 이뤄지고 있지요. 한마디로, 시장 만능과 정부의 개입 사이를 시계추처럼 오가고 있는 셈이지요.

여기서 우리가 자기 계발로 일깨워야 할 슬기의 핵심은 무엇일까요? 시장 만능주의와 정부 개입 사이를 오가게 한 가장 큰 '변수'를 파악하는 일이지 않을까요? 상공인들이 주도한 시민 혁명 이후 200여 년 동안 전개된 세계 민주주의 역사를 다시 찬찬히 톺아보면, 우리는 경제적 관점이 전환할 때의 변수, 또는 '원동력'을 의외로 쉽게 발견할 수 있습니다.

상공인들이 지배 세력이 되면서 아래로부터 노동자들의 저항이 강하고, 이로 인해 싸움이 벌어질 때 시장의 자유는 주춤합니다. 노동자들의 저항과 싸움을 약화시키기 위해서는 '당근'이 필요한 게지요. 이때 정부가 개입해 노동자들의 권익을 조금이나마 옹호해 줍니다. 반대로 노동자들의 저항이 약하거나 싸움을 포기하면 어김없이 시장 만능주의가 되살아납니다. 그러면 시장 만능의 '채찍'이 노동자들을 경쟁으로 내몰지요. 그 채찍이 나라 밖으로 나갈 때는 제국주의의 침탈과 억압으로 표면화합니다.

전후 세계 자본주의를 이끌어 온 케인스 경제 이론과 복지 사회가 스태그플레이션으로 경제 불황을 겪을 때, 그 위기 타파를 명분으로 신자유주의가 등장합니다. 자본의 논리와 시장에 정부가 개입해 왔기에 경제적 어려움을 맞았다고 주장하며 모든 걸 '자유 시장'에 맡기자는 신자유주의 정권이 영국에 출범했을 때, 그 정권은 온 힘을 기울여 노동 운동부터 '제압'했지요. 노동자들의 저항을 억제해야 시장이 '자유'로울 수 있고, 가진 자들이 좀 더 쉬운 방식으로 배를 불릴 수 있으니까요. 결과적으로 노동자들은 과도한 경쟁과 고용 불안에 시달리게 됩니다.

이는 한국 사회에도 오롯이 적용됩니다. 부익부빈익빈이 심화되어 가는 현상, 비정규직이 늘어나고 청년 실업자가 늘어나는 현상의 가장 중요한 원인은 노동 운동의 약화에서 짚어 볼 수 있습니다. 노동조합 조직률이 10퍼센트 안팎이니까요. 조직률이 80퍼센트 안팎인 북유럽 나라들과 비교하면 왜 복지 수준에 차이가 큰지 단숨에 파악할 수 있지요. 미국과 유럽에 비해 한국에서 신자유주의가 더 극단적으로 기승을 부리는 이유도 여기에 있습니다. 조직률이 10퍼센트 안팎인 노동 운동에 대해서 대한민국의 상공인들과 그들을 대변하는 언론은 틈날 때마다 마녀사냥을 해 댑니다. 그 결과 국민 대다수가 노동자이면서도 자신이 노동자로 생각하지 않지요. 바로 그것이 오늘의 시장 만능주의 현실을 불러온 근본 원인입니다.

기실 여러분이 '경제'라는 말에서 '성장'이나 '효율'을 떠올린다면, 이미 자신도 모르게 상공인들의 시각, 자본의 논리에 축축하게 젖어 있다고 보아야 합니다. 국민 대다수인 민중의 눈으로 볼 때 경제는 무엇일까요? 밥의 문제입니다. 어떻게 먹고살 것인가의 문제가 가장 기본이지요. 일자리와 복지가 마땅히 경제의 중요한 영역이어야 할 간명한 이유입니다.

자, 이제 무엇이 자유주의에서 복지 국가로 다시 신자유주의로 넘어가는 핵심 변수인지 명확하게 드러났습니다. 자본의 이윤 추구를 절대적으로 보장하는 시장의 자유에 맞선 노동자들의 힘, 그에 근거한 정치 세력화가 그것입니다.

앞서 민주주의는 법치가 아닌 까닭을 살펴보며 법을 만들어 나가는 게 정치라고 했지요. 경제 질서도 마찬가지입니다. 어떤 경제 체제든 그 경제가 운영될 수 있는 법과 제도가 있고 그것을 만드는 게 바로 정치이지요.

정치와 경제를 나눠서 대학에서 전혀 별개로 가르치고 서로 연관성이 없는 듯 사고하게끔 만드는 것은 누군가의 치밀한 노림수입니다. 누구일까요? 현재의 경제 질서가 흡족한 사람들입니다. 바로 그렇기에 우리는 민주주의가 정치인 동시에 경제임을 꿰뚫어 보아야 합니다. 누구를 위한 정치 경제 체제인가를 꼼꼼히 살펴야 할 이유가 여기 있습니다.

한 가지 분명한 사실은 시장 만능주의 경제가 언제든 어디서든 민주주의를 후퇴시켰다는 점입니다. 시장에 대한 민주적 규제가 없을 때 어떤 일이 벌어질지 짚어 볼까요?

1996년 영국이 핵발전소를 민간 기업에 매각했을 때입니다. 정부 대변인은 영국의 임원들이 자기들의 공동체를 위험에 빠트릴 리는 없으므로 안전 문제에 겁낼 필요는 없다고 이야기했습니다. 하지만 기업의 '고귀한 의무'(노블리스 오블리제)를 강조하는 논리는 이윤의 극대화를 추구하는 시장의 현실과 동떨어져 있습니다. 민간 핵발전소 운영자는 이윤 때문에 고장을 은폐하려는 유혹을 떨치기 어렵지요. 민간 기업에 핵발전소를 매각한 정부 대변인의 말처럼 영국의 핵발전소는 '신뢰'를 기초로 운영되어 감시 인력이 162명 정도로 줄어들었습니다. 반면 미국의 공적 통제를 받는 핵발전소에서 감시 인력은 3천 명에 이릅니다. 과연 어디가 더 안전할까요.

다시 미국 시카고로 가 볼까요. 1970년에서 1990년 사이에 시카고의 가스 파이프가 6번 폭발합니다. 12명이 목숨을 잃었지요.

민간 기업인 피플즈 가스가 전문가들을 고용해 폭발 원인을 조사 했습니다. 전문가들은 시카고 거리 지하의 가스 파이프들이 저질의 강철과 진흙으로 만들어졌다고 결론지었지요. 하지만 피플즈 가스 측은 그 보고서들을 은폐하려고 했습니다. 다행히 노동조합이 강력하게 이의를 제기했고 결국 도시의 가스 파이프 대부분을 교체하게 되었습니다. 시장과 자본의 논리에 경제를 맡길 때 어떤 일이 벌어질까를 보여 주는 보기이지요.

지구 전체로 볼 때도 신자유주의는 큰 문제를 드러냅니다. 자유무역과 국제적 분업을 내세워 시장 개방을 주장하지요. '세계화'의 이름으로 자유무역협정을 선호합니다. 금융의 세계화가 그 모든 걸 뒷받침하고 있지요. 신자유주의가 '시장의 자유'나 '자유무역'처럼 '자유'라는 달콤한 이름으로 자본의 이윤 추구권을 적극 옹호하면서 많은 사람들은 그것을 '글로벌 스탠더드'로 인식했습니다. 시장은 우상처럼 존재하고, 그 시장에서 21세기 현대인들은 끝없이 소비를 추구하며 살아가고 있지요. 심지어 자기 자신도 시장에서 상품으로 인식해 버립니다. 일차원적인 자기 계발 열풍은 바로 그 상품 가치를 높이는 데 국한되어 있음을 꿰뚫어 봐야 합니다.

시장 경제라는 말은 '순진무구한 사기'일 뿐

시장 경제라는 말은 미국의 경제학자 존 케네스 갤브레이스가 말했듯이 "생산자 권력이라는 추악한 기업의 실체를 감추려는 치사하고 무의미한 변장에 불과"합니다. 갤브레이스는 결코 마르크스주의 경제학자가 아닙니다. 그럼에도 그는 유작인 《순진무구한 사기의 경제학 The Economics of Innocent Fraud》 책 서문에서 '시장이라는 표현은 공정한가' 라고 물은 뒤 단호히 고개를 저었습니다. 자본주의가 대공황을 거치고 착취적이라는 게 드러나면서 일찌감치 그 말을 대체할 수 있는 '온화한 이름'을 찾으려는 시도가 시작됐다는 분석이지요. 갤브레이스는 '자유 기업' 이라거나 '시장 경제' 라는 용어는 '자본주의' 와 달리 "(상품을 생산하는 권력자인 자본가들에게) 어떤 불리한 역사도 없으며, 아예 역사라고 할 만한 것도 없었"기에 "사실 더 이상 의미 없는 표현을 찾기가 힘들었을 것이며, 이 용어가 선택된 이유도 바로 그 때문"이라고 날카롭게 지적했지요.

결론은 명쾌합니다. 갤브레이스는 "기업 권력을 통제하지 못하는 경제에는 미래가 없다"고 단언하며 다음과 같이 호소했습니다.

"기업은 일반적으로 인정된 도덕적 규범과 필수적인 공적 규제에 따라야 한다. 수익성 있는 경제적 활동을 할 자유는 필요하지만, 이런 자유가 수입이나 부를 합법적 또는 불법적으로 횡령하기 위한 은폐 장치가 돼선 안 된다. (……) 겉으로는 순진무구해 보이는 사기 행위를 위해 권한이 부여된 것은 아니다."

갤브레이스가 그것을 '순진무구한 사기'로 규정한 이유는 역설입니다. 대다수가 아무런 죄의식 없이 당연한 일로 사기를 벌인다는 지적이지요. '시장 경제 체제'라는 용어가 '자본주의'를 대체한 사실, 대기업의 광고가 소비자를 조종하고 독과점, 마케팅으로 가격과 수요를 결정하는 상황에서 소비자의 선택을 소비자 주권이라고 주장하는 일, 대기업 자체에 관료주의가 뿌리내린 상황에서 '자율'을 외치는 일, 미래 경제를 마치 예측할 수 있다는 듯이 상담해 주며 언제나 두둑한 연봉을 챙기는 금융 기관의 존재도 모두 '순진무구한 사기'라고 강조합니다.

그 의미는 분명합니다. 지금 이 순간 스스로에게 물어보기 바랍니다. 나는 자본주의라는 말을 쓰는 걸 부담스러워 하는 것은 아닌지, 반면에 시장 경제라는 말과 대기업의 광고는 아주 부드럽게 다가오지 않는지. 소비자는 선택권이 있기 때문에 주권 또한 지니고 있다는 생각은 없는지, 민간 기업의 자율을 강조하는 주장에 솔깃해 있지 않은지, 증권에 투자하며 경제를 분석하는 증권 관련 기관들의 보고서에 촉각을 곤두세우고 있지 않은지를. 거듭 강조하지만 마르크스주의 경제학자가 아닌 미국의 대표적 경제학자조차 그것을 '순진무구한 사기' 또는 그 사기에 놀아나는 일로 규정한다면, 무엇이 경제의 진실인가를 성찰할 필요가 있겠지요.

갤브레이스의 주장은 미국의 신자유주의 현실에 대한 통렬한 분석이지만, 바로 그렇기에 한국의 경제 현실과도 맞닿아 있습니다. 군부 독재가 물러나고 대통령을 직선제 투표로 뽑으면서 마치 민주주의가 이뤄졌다는 듯이 국민 대다수가 생각하고 있을 때, 대기업들은 사회에서 자신의 권력을 무장 강화해 나갔습니다. 1990년대 이후, 특히 구제 금융을 받으며 신자유주의가 들어선 뒤 한국 사회의 권력은 빠른 속도로 대기업 자본에 넘어갔지요. 자본 권력은 기업만 지배하지 않습니다. 대기업들은 언론을 직접 소유하거나 광고를 통해 보도되는 내용을 통제하고, 대학마저 곰비임비 손에 넣고 있습니다.

따라서 지금 우리가 할 일은 명확합니다. 시장에 대한, 자본의 논리에 대한 민주적 통제가 그것입니다. 20세기 말의 시장 만능주의인 신자유주의와 민주주의는 결코 양립할 수 없습니다. 신자유주의가 국민의 극소수인 '자본가 중심의 정치'인 데 비해 민주주의는 말뜻 그대로 국민 대다수인 '민중의 자기 통치'이니까요.

더러는 시장에 대한 '간섭'이 비효율적이며 경제적 후퇴를 낳는다고 주장합니다. 하지만 미국에서 공공사업을 오랫동안 분석해 온 연구자들에 따르면, 민주적 통제가 가격을 낮추면서도 고품질을 불러오고, 고용 안정까지 이룹니다. 무엇보다 연구자들은 시장에 대한 민주적 통제를 통해 노동자와 자본, 정부 사이의 공개적인 대화와 토론이 가능하다는 사실을 성과로 꼽습니다.

시장에 대한 민주적 통제는 결코 과격한 주장이 아닙니다. 지나치게 진보적이라고 선입견을 가질 문제도 아닙니다. 현행 대한민국 헌법에도 시장에 대한 민주적 통제의 근거가 명문화돼 있으니까요. 헌법 제119조 ②항은 "국가는 균형 있는 국민 경제의 성장

및 안정과 적정한 소득의 분배를 유지하고, 시장의 지배와 경제력의 남용을 방지하며, 경제 주체 간의 조화를 통한 경제의 민주화를 위하여 경제에 관한 규제와 조정을 할 수 있다"고 선명하게 밝히고 있습니다. 또 제120조 ②항에도 "국토와 자원은 국가의 보호를 받으며, 국가는 그 균형 있는 개발과 이용을 위하여 필요한 계획을 수립한다"는 내용이 분명히 제시돼 있습니다. 제123조는 균형 있는 국민 경제의 발전을 위해 국가가 할 일을 명시적으로 다음과 같이 명토 박았습니다.

① 국가는 농업 및 어업을 보호·육성하기 위하여 농·어촌 종합 개발과 그 지원 등 필요한 계획을 수립·시행하여야 한다.
② 국가는 지역 간의 균형 있는 발전을 위하여 지역 경제를 육성할 의무를 진다.
③ 국가는 중소 기업을 보호·육성하여야 한다.
④ 국가는 농수산물의 수급 균형과 유통 구조의 개선에 노력하여 가격 안정을 도모함으로써 농·어민의 이익을 보호한다.
⑤ 국가는 농·어민과 중소 기업의 자조 조직을 육성하여야 하며, 그 자율적 활동과 발전을 보장한다.

요컨대 우리 헌법에 명문화한 경제 조항만 올곧게 지켜도 현재 경제의 모습과는 확연하게 다를 게 분명합니다. 그렇다면 왜 헌법의 경제 조항과 경제 현실 사이에 차이가 또렷할까요? 경제를 정치와 전혀 별개의 전문 영역으로 여기고 순응하며 인생을 살아가게끔 누군가 만들어 놓은 '습관', 경제 문제를 둘러싼 일상적 대화와 싸움의 부족, 한마디로 줄이면 민주주의의 빈곤 때문이지요.

  시장에 대한 민주적 통제를 통해 경제의 민주주의를 일궈 가는 일, 그 과정에서 사회 구성원들이 경제를 보는 눈과 경영 능력을 길러 가는 일, 바로 그것이 경제생활에서 가장 중요한 자기 계발이자, 민중의 자기 통치라는 이상에 다가가는 길 아닐까요?

  인류는 민주주의에 꼭 맞는 정치 경제 체제를 마련하고 그것을 구현하는 데 아직은 이르지 못했습니다. 한때 공산주의 체제가 그 대안이라고 생각하던 시대도 있었습니다만, 소련과 동유럽의 몰락, 중국의 체제 전환, 조선민주주의인민공화국이 봉착한 '고난의 행군'은 우리에게 새로운 대안을 창조적으로 모색하라고 가르쳐 줍니다.

  새로운 대안은 남쪽의 신자유주의 체제나 북쪽의 공산주의 체제를 넘어서야 합니다. 실제로 1989년 공산주의 체제의 붕괴와 2008년 미국의 금융 위기는 공산주의 체제나 신자유주의 체제가 우리 인류의 미래가 될 수 없다는 진실을 깨우쳐 주었지요. 바로 그 점에서 겨레의 통일은 인류가 걸어갈 새로운 길과 맞닿아 있습니다. 그 길은 결코 관념적 사고로 열리지 않습니다. 구체적으로 경제 체제를 어떻게 구성할 것인가, 어떻게 경제를 운영해서 국민 모두가 고루 잘 살아갈 수 있을 것인가를 고심해야 합니다. 기실 그것은 경제의 본디 뜻 '경세제민經世濟民'과 이어져 있습니다.

경세제민, '세상을 다스리고 민중을 구제'하는 일이 경제이지요. 당연히 민주주의와 직결됩니다(새로운 대안에 대한 더 깊은 탐색은 《주권 혁명》을 참조하기 바랍니다). 남과 북의 통일 또한 민족 경제의 균형 발전이라는 시각에서 접근해야 옳습니다. 남쪽은 미국 경제에, 북쪽은 중국 경제에 과도하게 의존해 가고 있기에 더욱 그렇습니다. 통일 민족 경제와 민주 경제, 그 길은 일상적인 경제 생활에서 국민의 의사 결정권을 높여 가는 방향으로 모색해야 합니다. 국민 경제의 대다수 구성원인 노동자들이 경제의 주요 의사 결정에 참여할 수 있는 경제 체제는 "모든 권력이 국민으로부터 나오는" 민주 정치의 밑절미입니다. 민주주의 정치 경제학, 그것은 국민 대다수인 민중의 주권을 고갱이로 구성해야 옳습니다.

톺아보기

사회주의 혁명과 복지 국가

사회주의 사상가 마르크스나 러시아 혁명의 지도자 레닌은 결코 한 나라만의 혁명을 꿈꾸지 않았습니다. 자본주의 경제 체제를 폐절하려면 선진 자본주의 국가들에서 동시에 혁명이 일어나야 한다고 판단했으니까요. 하지만 레닌의 기대와 달리, 러시아에서 시작한 혁명은 유럽으로 퍼져 가지 않았습니다. 러시아 혁명이 성공하자 각국 정부가 서둘러 혁명에 대비책을 세웠기 때문이지요. 결국 러시아 혁명은 고립됐습니다.

레닌이 죽은 뒤 스탈린이 일당 독재 체제를 형성하면서 소련(소비에트사회주의공화국연방의 줄임말)은 사회주의 이상과 갈수록 멀어지게 됩니다. 자본가들이 소유했던 생산 수단을 모두 국유화했지만, 국유화한 생산 수단을 공산당 관료가 지배하면서 현장 노동자들은 참여를 배제당했습니다. 정치 또한 공산당이 독점하고 그들이 특권을 누리면서 당과 민중 사이에 깊은 골이 파여 갔지요.

그 결과입니다. 2차 세계 대전 뒤 소련과 동유럽, 중국으로 퍼져 가며 미국 중심의 자본주의 체제와 45년 내내 '경쟁' 했던 사회주의 체제는 1989년에서 1991년 사이 '도미노'처럼 스러지며 자본주의 체제로 전환합니다. 자신들이 대변하고 있다고 강조했던 '인민'들의 시위 역사에 파묻힌 셈이지요.

하지만 마르크스 사상과 레닌의 혁명이 인류 역사에 끼친 영향은 깊고 넓습니다. 흔히 민주주의와 사회주의를 정반대 사상으로 생각하는 사람들이 있습니다만, 전혀 그렇지 않지요. 사회주의 사상과 혁명적 실천은 민주주의 발전에 결정적 공헌을 했지요. 실제 전개된 역사를 돌아보면 확인할 수 있습니다.

노동 계급에 기반을 둔 혁명의 성공에 이어 1929년 미국에서 시작한 대공황은 전 세계를 강타했습니다. 미국과 영국은 사회주의 혁명의 확산을 막으려고 '수정 자본주의'를 채택했지요. 정부가 시장에 적극 개입하여 완전 고용을 이루고 복지 국가를 이룰 수 있다는 논리였습니다. 노동자들이 상품을 살 수 있도록 임금을 높여 줌으로써 판매 시장을 넓혀 경제 위기를 해결하려던 케인스의 경제 이론은 전후 자본주의 경제 성장에 크게 기여했습니다.

2차 세계 대전이 끝난 뒤 동유럽으로 소련식 공산주의 체제가 확대되는 과정에서 영국 노동당은 "요람에서 무덤까지 from the cradle to the grave"를 슬로건으로 내세웁니다. 태어나서 죽을 때까지 삶의 모든 과정을 국가가 복지 제도로 보장한다는 정책은 사회주의 혁명이 유럽 전역으로 확산되는 걸 막는 가장 큰 방어벽이었습니다. 대공황과 참혹한 세계 대전을 거치면서, 더구나 사회주의 혁명의 확산 앞에서, 대다수 '선진 자본주의' 국가들은 국민 앞에 "요람에서 무덤까지"를 약속하지 않을 수 없었습니다.

이처럼 색깔 공세를 펴는 사람들의 흑색선전과 달리 사회주의는 민주주의 발전에 결정적으로 공헌을 했지요. 우리가 민주주의의 다채로운 빛깔을 읽어야 할 이유도 여기에 있습니다.

6장 민주주의는 주권이다

단 한 번인 자신의 인생을 주권자로 살아가라

"우리 헌법의 선언처럼
"모든 권력은 국민으로부터 나온다"고 할 때,
단순한 수사학 차원을 넘어 그 헌법 조항을 현실로
구현하는 힘은 무엇일까요? 주권자인 국민,
국민의 절대 다수인 민중의 슬기입니다."

1. 주권의 확대와 노동 운동

주권. 이 말을 떠올릴 때 가장 쉽게 연상되는 제도는 무엇인가요? 대다수가 투표를 떠올릴 성싶습니다. 누구나 선거 때면 '한 표의 주권 행사'라는 말을 들어 보았을 테니까요.

맞는 말이지요. 투표는 주권 행사가 틀림없습니다. 왕권을 정점으로 한 귀족 계급의 신분제 사회에서 투표란 언감생심이었으니까요. 실제로 투표권은 처음 생겨날 때부터 주권의 확대 과정과 맞물려 있습니다.

주권을 황제 또는 왕이 독점하고 있던 시대에 마침표를 찍은 게 시민 혁명이었지요. 문제는 왕권을 폐지한 뒤에도 모든 사람에게 투표권이 주어지지 않았다는 데 있습니다.

민주주의 혁명이 일어난 대표적인 나라, 프랑스를 예로 들어 볼까요. 1789년에 혁명이 일어난 후 40년이 지난 1830년까지 이 나라에서 투표권을 가진 사람은 '재산이 있는 - 300프랑의 직접세를 납부한 - 30세 이상의 남성'이었습니다. 300프랑은 어느 정도의 금액일까요. 당시 프랑스 인구 3천 200만 명 가운데 8만 내지 10만 명(0.25~0.3퍼센트)만 투표권을 갖고 있었다면 미루어 짐작이 될 터입니다.

1830년에 투표권 기준을 완화해서 선거권을 확대했다고 합니다만, 그래 봐야 유권자는 기껏 0.6퍼센트로 늘어났을 뿐입니다. 프랑스는 1848년 혁명을 거친 뒤에야 비로소 보통 선거권이 들어서지요. 하지만 그것도 남성에 국한된, '절반의 보통'에 지나지 않았습니다.

그렇다고 시간이 흐르면서 선거권이 차차 확대되었다고만 본다면, 지나치게 안이한 역사 인식일 뿐 아니라 사실과도 다릅니다. 역사에 사람의 노동이 개입되지 않은 진전이란 없지요. 때로는 선거권이 후퇴하기도 했다는 사실은 역사 발전의 비밀을 드러내 줍니다.

19세기 후반 독일의 작센으로 가 볼까요? 지방자치단체 선거에서 사회민주당의 승리가 예상되자 지배 세력은 이미 도입했던 남성 보통 선거권을 폐기합니다. 그 '대안'으로 소득에 따라 남성을 세 부류로 나누고, 각각 같은 수의 대표를 선출하여 의회로 보내는 방식을 도입했습니다. 언뜻 보면 아무 문제가 없어 보이지요. 문제는 세 부류 가운데 두 부류가 '상위 계급'으로, 이 두 부류를 합쳐도 전체 인구의 20퍼센트가 되지 않았다는 데 있습니다. 상위

20퍼센트의 사람들이 나머지 국민을 대변하는 투표 제도가 버젓이 시행된 게지요.

미국 투표 제도도 험난한 싸움을 거칩니다. 흑인들은 19세기 후반인 1870년이 돼서야 비로소 투표권을 갖게 됩니다. 하지만 남부의 주들은 1890년 미시시피 주, 1908년 조지아 주에서 그랬듯이 문맹 여부를 가리는 시험, 인두세와 재산 요건 따위를 들어 흑인의 투표권을 공공연하게 박탈했습니다. 루이지애나 주는 1896년에 13만 명의 흑인들이 투표했지만, 다음 선거인 1900년에는 5천 명만 투표할 수 있었지요. 시민권 운동이 벌어지고 흑인 지도자들이 암살당하는 과정을 거쳐 투표권법이 제정된 1965년에야 비로소 흑인들은 누구의 방해도 받지 않고 자유롭게 투표에 참여할 수 있게 되었습니다.

여성들의 투표권은 어떨까요? 이들은 '돈 없는 남성'들보다 훨씬 더 늦게 유권자가 될 수 있었습니다. 미국이 여성에게 투표권을 인정한 시점은 1920년, 영국은 1928년입니다. 프랑스, 독일, 이탈리아의 여성들은 2차 대전이 막을 내린 뒤에야 투표 용지를 손에 쥘 수 있었지요. 가장 늦은 스위스는 1971년부터 여성의 보통선거권을 인정했습니다. 왜 그랬을까요?

남성들이 오랜 세월 동안 여성들을 차별하면서 민주주의 사상에 눈뜨지 못하게 조장해 왔기 때문이지요. 그에 따라 여성들 스스로 투표권을 요구하는 싸움에 나서는 게 더뎌졌기 때문입니다. 여성들이 자신들의 권리를 자각하고 모순에 저항한 결과, 오늘날 투표권은 성별에 관계없이 모든 사람에게 평등하게 주어졌지요. 민주주의 발전, 역사 발전의 비밀은 싸움이라는 진실을 새삼 확인할 수 있습니다.

심지어 투표권을 정치적 이념에 따라 제한하는 황당한 일도 벌어졌습니다. 가령 핀란드에서는 1944년까지 공산주의자의 투표권을 인정하지 않았어요. 독일은 1919년까지 무기명 투표가 아니었기 때문에 기업인들이 자신이 고용한 노동자들에게 특정 방향으로 투표하도록 압력을 행사했습니다.

노골적인 선거권 박탈도 있었습니다. 스페인에서는 1931년 도입된 보통 선거권으로 좌파 또는 중도 좌파 정당들이 곰비임비 창당되었습니다. 그러자 1936년 군사 쿠데타가 일어나지요. 군부를 중심으로 한 기득권 세력이 1977년까지 40년 동안 독재 정권으로 군림합니다.

민주주의의 후퇴를 남의 나라에서만 찾을 필요는 없습니다. 한국에서도 4월 혁명으로 이승만 정권이 물러나고 국민 투표를 통해 합법적으로 들어선 민주당 정부를 군인들이 쿠데타를 일으켜 뒤엎은 역사가 있으니까요. 육군 소장으로 쿠데타를 주도한 박정희는 대통령 자리에 오른 뒤 3선 금지를 명문화한 헌법을 개악해 집권하고, 마침내는 국민의 직접 선출권을 아예 빼앗는 '유신 체제'를 선포했습니다.

대한민국 국민이 대통령 직선의 투표권을 다시 찾은 시점은 오랜 민주화 싸움이 집약된 1987년 6월 대항쟁이 일어난 뒤입니다.

그 과정에서 극심한 고문으로 대학생을 살해하거나 성고문을 저지르는가 하면, 집회 참가자에게 최루탄을 던져 죽이는 야만이 이른바 '공권력'에 의해 저질러졌습니다.

주권은 "국가의 의사를 최종적으로 결정하는 권력"

투표가 확대되어 온 과정을 톺아보더라도 우리는 투표가 얼마나 중요한 주권 행사인지 새삼 깨달을 수 있습니다. 모든 사람에게 투표권이 주어지기까지 인류가 얼마나 싸웠는가를, 그리고 그 싸움에서 얼마나 많은 사람이 피를 흘렸는가를 잊지 말아야겠지요. 아울러 모든 사람에게 투표권이 주어지기까지 인류가 얼마나 대화해 왔는가를, 그리고 그 대화와 토론에 얼마나 많은 사람이 열정을 쏟았는지도 기억해야 합니다. 보통 선거권이 뿌리내린 뒤 투표를 통해 정치 체제만이 아니라 경제 체제의 틀을 바꾼 사례가 적지 않다는 진실도 마땅히 새겨야겠지요.

하지만 과연 투표가 민주주의의 전부일까요? 민주주의가 투표라는 말은 절반의 진실만 담고 있습니다. 일찍이 장 자크 루소는 "영국인은 자유롭다고 생각하고 있지만, 자유롭다는 것은 투표할 때뿐이고, 일단 투표를 하고 나면 이전과 같이 노예 상태가 된다"고 경고했지요.

당시 영국에는 보통 선거권이 도입되지 않았습니다. 하지만 그렇다고 해서 루소가 던진 투표에 대한 경고가 퇴색하지는 않지요.

실제로 투표 날에만 '주인'이 되고 그 밖에는 정치에 자신의 뜻을 관철시킬 아무런 방법이 없는 상황은 21세기 민주주의가 풀어야 할 숙제니까요.

투표만 하고 그날만 주권을 행사하는 민주주의는 '관객 민주주의'에 지나지 않습니다. 적잖은 유권자들이 투표를 하지 않는 이유도 거기에 있지 않을까요? 그래서입니다. 투표를 하지 않는 사람들에게 '정치의식이 없다'고 일방적으로 쏟아 붓는 비난에 온전히 동의할 수는 없습니다. 문제는 더 원천적인 데 있기 때문이지요.

먼저 왜 투표하고 싶은 마음이 사라졌는가를 세심하게 살펴야 합니다. 기존 민주주의 정치 경제 제도와 정당들이 자신의 삶에 전혀 도움이 될 수 없다면, 도움이 되는 정당과 제도를 만들어 나가는 게 참된 주권자의 길이지요.

투표만이 주권 행사로 받아들여지는 관객 민주주의에서 벗어나려면, 주권의 참된 뜻부터 짚어 보아야겠지요. 주권(sovereignty, 主權)이란 말 그대로 '가장 주요한 권리'로서 '국가의 의사를 최종적으로 결정하는 권력'입니다. 영영사전에서 주권을 찾아보면 '자기 통치'라는 정의도 있는데 자연스러운 풀이입니다. 국가의 의사를 최종적으로 결정하는 권력이 민중에게 있다는 뜻이니까요.

바로 이 지점에서 '민주주의는 주권이다'라는 명제의 의미가 온전히 드러납니다. 민주주의를 민중의 자기 통치라는 차원에서 돌아보면, 왕이 주권을 전횡하던 오랜 역사를 벗어나 민중이 주권을 찾아온 저 긴 싸움과 대화의 역사 앞에 새삼 겸손하게 됩니다.

2. 노동의 선입견과 주권 의식

한국 사회는 노동자에 대한 선입견으로 가득 차 있습니다. 서울에 있는 4개 고등학교 2학년 378명을 대상으로 한 설문 조사 결과(《economy21》, 2006년 4월 4일 자)를 볼까요?

'노동자 하면 주로 어떤 이미지가 떠오르느냐' 는 질문에 '나는 되고 싶지 않다'(39.4퍼센트), '가난하다'(34.7퍼센트), '불쌍하다'(33.6퍼센트)라는 응답이 다수였습니다. '미래의 나의 모습이다' 라거나, '자랑스럽다' 는 응답은 각각 5퍼센트와 3.2퍼센트에 지나지 않았지요.

굳이 설문 조사를 인용하지 않더라도 대다수 청소년에게 '노동자' 는 가난하고 불쌍한 그래서 자신은 되고 싶지 않은 게 현실이지요. 미래 나의 모습이라고 생각하는 고등학생은 겨우 5퍼센트입니다. 청소년들만의 의식이 아니지요. 국민 대다수가 그렇게 생각하고 있다고 보아도 큰 무리는 아닐 성싶습니다.

여기서 '노동자' 란 누구일까요? 노동자의 사전적 뜻은 "노동력을 제공하고 얻은 임금으로 생활을 유지하는 사람"입니다. 근대 사회 이전에는 임금으로 살아가는 노동자가 없었습니다. 아니, 있을 수가 없었지요. 고대 사회에서 노예나 중세 사회에서 농노는 근대 사회의 노동자와 다르니까요. 노예나 농노는 신분제 사회 속에서 자신을 소유하거나 지배하고 있는 특권 계급에 삶 자체가 종속되어 있었습니다. 토지와 신분에 묶인 노예나 농노에게 자유는 없었지요.

하지만 근대 사회의 노동자는 신분 제도의 구속을 받지 않는 자유로운 사람입니다. 고용 계약을 맺은 노동자는 자신의 노동력을 제공하고, 그에 따른 대가로 상공인(자본가)이 지급하는 임금을 받을 뿐입니다. 다시 말해 노동자를 고용한 상공인과 노동자는 "법 앞에 평등"합니다.

노동자는 여러 직업으로 나누어지지만 분명히 짚어 둘 게 있습니다. 국민 대다수가 노동자로 살아간다는 사실이지요. 일터에서 나가 일(노동)을 하고 월급(임금)을 받는 사람, 바로 그 사람이 '노동자'이니까요. 흔히 '노가다'로 불리는 "가난하고 불쌍한" 일용직 노동자만 노동자가 아니죠.

자동차나 컴퓨터, 손전화(휴대폰)를 생산하는 대기업에서 일하는 모든 생산직과 사무직도, 초·중·고등학교의 교사도, 대학 교수도, 큰 병원에서 진료하는 의사도, 신문과 방송사의 기자와 프로듀서·아나운서도, 국가에 고용된 판사나 경찰을 포함한 공무원도 모두 노동자입니다. 농민이나 영세 자영업인도 임금을 받지는 않지만 스스로 노동을 해 살아간다는 사실에 주목하면 넓은 의미의 노동자 범주에 들어갑니다.

그런데 왜 자신의 미래 모습이 노동자라고 생각하는 청소년이 5퍼센트에 지나지 않을까요. 실제로는 대다수가 노동자로 살아갈 수밖에 없는데 왜 물구나무 선 인식을 하고 있을까요. 노동자가 노동자로서 주권 의식을 가지는 것이 자신에게 불리하거나 불편한 사람들이 오랜 세월 동안 노동자를 비하하거나 노동 운동을 폄훼해 왔기 때문입니다.

그 결과 이 책의 들머리에서 보았듯이 노동자를 멸시하는 일이 버젓이 저질러집니다. "대학 가서 미팅 할래, 공장 가서 미싱 할래"가 급훈으로 걸려 있는 교실에서 자라난 청소년이 노동자를 어떻게 인식할지는 불을 보듯 뻔합니다. 노동에 대한 멸시는 스스로 일해서 살아가기보다는 수단 방법을 가리지 않고 부자가 되겠다는 생각에 사로잡히게 합니다.

하지만 사람이 자신의 내면을 밖으로 구현(외화)하는 일, 바로 그것이 노동입니다. 사람이 노동하는 수고 없이 그 무엇도 만들어 낼 수 없습니다. 아무리 창조적인 생각도 그것을 밖으로 드러내는 노동이 없다면 현실이 되기 어렵지요. 우리 자신의 의식주와 주변의 생필품에서부터 가장 높은 경지의 예술에 이르기까지, 모두 인간의 내면에 떠오른 구상을 외화해서 현실화한 노동의 결과물이자 창조물입니다.

우리에게 노동 교육이 필요한 이유

유럽의 많은 나라들은 일찌감치 학교 정규 과목으로 노동 교육을 합니다. 가령 프랑스에서는 중학교 과정에서 노동과 관련한 사안을 배우고, 고등학교에 들어가면 '실습'을 합니다. 또한 일반계와 실업계 고교 공통으로 '시민-사회 교육'이라는 교과가 있습니다. '시민권, 일할 권리, 노동 계약, 임금, 아동 및 여성 노동, 위생, 안전, 노동 조건, 불법 노동, 노동조합, 집단적 행위, 분배 정의, 다양한 인권 선언'들을 가르치며 토론식 수업을 진행하지요. 학생들이 노사 두 편으로 나뉘져 단체 교섭 훈련도 합니다. 고등학교 1학년 교실에서 '단체 교섭의 전략과 전술'을 놓고 토론하는 모습을 상상해 보기 바랍니다. 한국의 고등학생들에게는 생소하게 다가올 수밖에 없지요.

독일에서도 초등학교 정규 수업에서부터 노사 관계를 가르치지요. 초등 과정에서는 '노동 세계'와 관련한 초보 교육이 이뤄지고, 중등 1과정에서는 '기술 및 경제 교육', 중등 2과정·김나지움 상급 단계에선 '경제학, 기술학 등 노동 세계에 대한 이론적 대비'를, 중등 2과정·직업 학교에선 '사업장 견습 등 노동 세계 연계 교육'을 합니다. 헌법과 단체협약법, 공동결정법, 사업장노사관계법, 직업교육법 등 노동권의 법률적 근거를 교과서에 명시하고 있음은 물론이고, 모의 노사 관계 놀이(실습)를 통해 단체 협상에 대비토록 합니다. 학교에서 모의 노샤 교섭이 일상적 특별 활동으로 잡혀 있지요. 한 해에 6차례 정도 모의 노사 교섭의 경험을 쌓는다고 합니다.

독일의 교과서에는 독일 사회가 해결해야 할 과제인 실업 문제에 대해서만 30쪽을 할애하고 있습니다. 노사 관계에 대해서는 '민주주의와 공동 결정'이라는 관점에서 50쪽 넘게 관련 내용을 상세하게 다루지요. 독일의 교과서는 노사 관계를 "가족 관계를 제외하고 사람이 사회에서 자기를 실현하며 살아가는 가장 중요한 관계"라고 정의하고 있습니다.

심지어 미국도 초등학교 때부터 노동 교육을 합니다. 노동 교육 활성화를 위해 학교노동교육위원회(교원연맹), 직업경험교육가협회, 교사와 대학 교수, 비정부단체NGO 들이 노동 시장 전반, 직업 세계, 노동의 역사, 노동조합, 단체 협상에 이르기까지 폭넓은 주제에 대해 지원 프로그램을 운영하고 있습니다. 교육을 담당할 교사를 위한 노동 교육 프로그램도 있지요.

미국의 경제 교과서는 '미국의 노동력' 이라는 장에 노동자를 사용자와 함께 미국 노동 시장의 주체로 언급하며 노동자의 조직화된 조직으로서 노동조합을 설명하고 있습니다. 윤리 교과서에서도 노동조합의 형성, 노사 관계, 정부의 조치, 오늘날의 노동조합을 다루지요.

반면 우리나라 초·중·고교 교육 현장에서 노동법 교육은 사실상 없다고 해도 과언이 아닙니다. 노동 교육이 있다고 한다면 직업 윤리나 경제 활동과 같은 맥락에서 가르칠 뿐입니다. 노동법이나 노사 관계, 노동조합에 관한 내용은 아예 없거나 간단히 언급하고 지나가는 데 그치고 있지요.

대학에 들어가면 상황은 더 심각합니다. 대학에서 노동법을 가르치는 곳은 없으니까요. 대학에 따라서 '법과 사회' 라는 교양 과목이 있기는 하지만 그 가운데 노동법을 다루는 교수도 거의 없습니다. 있더라도 1~2시간을 가르치는 게 고작이지요.

그러니 한국 사회에서 교육을 받고 기자가 되거나 판·검사가 된 사람들이 노동 문제를 어떻게 바라볼까요. 노동 교육을 전혀 받지 못한 기자들은 노동 문제에 대해 편견을 지닐 수밖에 없겠지요. 그래서이지요. 우리는 각종 파업에 불편을 늘어놓는 시민들의 인터뷰에 익숙해 있습니다.

노동 교육에 전념하고 있는 하종강 한울노동문제연구소 소장이 네덜란드에서 고등학교를 다니고 한국에 온 대학 신입생에게 들은 이야기를 보면, 한국 사회의 "참 이상한" 현상을 새삼 '발견' 할 수 있습니다. 그 학생은 철도 파업을 전하는 텔레비전 뉴스를 보며 깜짝 놀랐다고 합니다. 파업의 원인이나 철도 노조 쪽의 입장은 거의 다뤄지지 않고 불편을 호소하는 시민들의 인터뷰가 주를 이뤘기 때문이지요.

그 학생 말처럼 "어떻게 모두들 한결같이 자기가 불편하다는 것만 이야기하는지, 파업하는 노동자들 쪽에서 말하는 사람이 왜 한 명도 없는지, 참 이상"한 일 아닌가요? 네덜란드에서는 노동자들의 파업을 두고 "노동조합의 이러저러한 요구 사항은 타당한 내용이니 정부와 기업은 빨리 받아들여 사태를 해결해야 한다"고 말하는 시민들도 적지 않다지요.

일방적인 언론 보도를 보며 자라난 세대는 앞 세대의 고정 관념에서 벗어나지 못한 채 살아갑니다. 법질서를 이유로 노동 운동을 탄압하고 감옥에 가두기를 서슴지 않는 검사와 판사들도 그 연장선이지요. 그 악순환 구조에서 이익을 보는 사람들은 누구일까요?

노동자를 고용한 소수의 사람들이겠지요. 상공인 또는 자본가들이 그들입니다. 한국 사회에서 '재벌 총수'에 대한 인식이 좋지 않은 이유도 여기에 있습니다.

하지만 상공인이나 기업인으로 불리는 자본가들도 노동법에 보장된 노동자의 권리를 인정하고 노동자와 대화를 통해 경영해 나갈 때, 자신이 고용한 노동자로부터 인정받는 사람이 될 수 있지 않을까요? 그렇지 않다면 아무리 돈을 많이 모아도 기업 안팎에서 손가락질 받는 대상이 될 수밖에 없겠지요. 그것은 자본가 자신에게도 불행한 일입니다.

더러는 자신은 전문직이라거나 전문직을 선택하겠다며 세상이 노동자와 자본가로 나누어지지는 않는다고 생각할 수도 있습니다. 하지만 전문직도 임금을 받으며 일할 때는 엄연한 노동자이지요. 특정 조직에 고용되어 있지 않더라도 자신의 노동을 통해 살아가니까요. 가령 치과 의사는 대학 병원이나 큰 병원에서 일하고 있으면 월급 받는 의료 노동자입니다. 개인 개업을 한다고 하더라도 큰 자본이 없는 한 자신의 의료 노동으로 살아가겠지요. 변호사나 작가도 마찬가지입니다.

설령 전문직 노동으로 살아가더라도, 한 시대를 함께 살아가는 대다수 노동자의 삶이 나아지는 걸 바라는 게 옳지 않을까요? 사회는 더불어 사는 마당이니까요.

3. 모든 권력이 국민으로부터 나오는 나라

대한민국 헌법은 제1조 ①항에서 "대한민국은 민주 공화국이다"라고 천명합니다. 곧바로 1조 ②항에서 "대한민국의 주권은 국민에게 있고, 모든 권력은 국민으로부터 나온다"라고 명토 박아 선언하지요.

헌법 제1조가 굳이 "모든 권력"이라고 한 이유는 무엇일까요? 흔히 권력하면 곧장 떠오르는 정치권력만이 아니라 경제 권력, 사회 권력의 문제도 두루 포함하기 때문이지요.

기실 노동자와 고용인이 법 앞에 평등하고 고용 계약을 대등하게 체결한다고 말하지만, 실제로 둘 사이가 대등하다고 생각하는 사람은 아무도 없을 성싶습니다. 정치권력은 선거를 통해 변할 가능성이라도 있지만, 사회 경제적 권력은 사실상 영구적 권력이기에 더욱 그렇지요.

우리 모두 솔직하게 현실을 직시합시다. 헌법 제1조가 명시적으로 선언한 주권 개념은 껍질만 남은 채 사문화되었다고 보는 게 지나친 말, 또는 과격한 주장일까요? 정녕 대한민국에서 모든 권력은 국민으로부터 나오고 있습니까? 결코 선동적인 물음이 아니라 이성적인 질문, 우리가 진정 자기 계발을 해 나가기 위해서 꼭 거쳐야 할 물음입니다.

국민으로부터 나온다고 답할 수 있는 근거로 투표가 있습니다. 하지만 정확하게 거기서 그치지요. 대통령이나 국회의원을 선출한 뒤 그들이 국민을 대변한다고 확신하는 사람은 한국 사회에서 과연 얼마나 될까요?

보수적 색채의 시사 주간지가 여론 조사 기관과 공동으로 조사해 2009년 8월에 발표한 '직업 신뢰도 조사'는 놀라운 사실을 드러내 줍니다.(《시사저널》, 2009년 8월 4일 자)

33개의 직업을 놓고 '한국인이 가장 신뢰하는 직업'을 묻는 설문에서 1위는 누구였을까요? 소방관(92.9퍼센트)이었습니다. 2위는 간호사(89.9퍼센트), 3위 환경미화원(89.2퍼센트) 순이었지요. 사람들이 의사보다 간호사를, 교수보다 교사를 더 신뢰한다는 사실은 주목할 대목입니다.

그럼 신뢰하지 않는 직업은 어떤 부문일까요? 낙제(60퍼센트) 이하의 신뢰도를 얻은 직업군에는 검사, 세무사, 공무원, 변호사, 기업인, 기자가 들어가 있습니다. 하위권에 포진된 직업은 연예인(40.9퍼센트), 증권업 종사자(39.0퍼센트), 보험업 종사자(36.6퍼센트), 부동산 중개업자(28.2퍼센트)입니다. 충분히 이해할 수 있지요.

그렇다면 연예인, 증권업과 보험업 종사자, 부동산 중개업자보다 더 믿을 수 없는 직업, 제일 아래 33위의 신뢰도 꼴찌 직업은? 바로 정치인입니다.

직업으로서 정치인의 신뢰도는 겨우 11.7퍼센트. '매우 신뢰한다'에 답한 사람은 1.9퍼센트로 나왔습니다. 이렇게 답한 사람이 혹시 정치인이거나 그의 가족은 아니었을까요? '전혀 신뢰하지 않는다'라고 답한 사람은 과반을 넘었지요(53.7퍼센트). '대체로 신뢰하지 않는다'도 32.8퍼센트였습니다. 정치인에 대한 불신이 어느 정도인가를 극명하게 보여 주는 결과이지요. 정치인에 대한 극도의 불신은 정치 자체에 대한 환멸로 이어지고 있습니다. 2008년 총선에서 국민의 절반 이상이 투표에 참석하지 않은 이유도 기실 여기에 있지요.

앞서 말한 것처럼 정치인이 갖고 있는 권력은 투표를 통해서 바꿀 수 있습니다. 하지만 정치인과 더불어 신뢰도에서 하위에 머물고 있는 기업인을 비롯해 언론인, 변호인, 공무원, 검찰은 어떤가요? 국민은 속수무책이어도 좋을까요? 경제 권력과 사회 권력 앞에서 '모든 권력은 국민으로부터 나온다'는 헌법 조문이 얼마나 현실과 동떨어져 있는가를 절감하기란 어려운 일이 아닙니다.

신자유주의 체제에서 기업인으로 불리는 경제 권력의 힘이 더 커져 가고 그들의 자본이 사회 전반에 큰 영향력을 행사하며 사실상 정치권력까지 좌우하는 상황에서 국민 대다수의 주권이 온전하리라고 판단한다면 그것이야말로 비현실적이겠지요.

앞서 신자유주의를 짚으며 분석했듯이 민주주의는 탄생→성장→위기로 전개돼 왔습니다. 신자유주의의 폐해가 드러나고 있는 지금이 위기의 시기임은 분명합니다. 손쉽게 위기는 기회라 말하고 싶지는 않습니다. 누구나 공감할 사실 관계만 짚지요. 위기는 '위험한 고비나 시기'입니다. '고비'는 과정 속의 개념이지요. 사전적 뜻만 보아도 위기는 언제나 갈림길입니다. 기존의 틀이 위기를 맞을 때 아무 대응도 없다면 당연히 붕괴로 이어질 수밖에 없겠지요. 하지만 위기를 불러온 요인을 정확히 진단하고 해결하면 위기는 새로운 도약의 발판이 됩니다. 우리가 절망할 수 없는 이유이지요.

민주주의를 살아 있는 민중이 만들어 가는 생명체로 본다면 지금의 위기는 '성장통'으로 파악할 수 있습니다. 본디 성장통은 청소년이 어른으로 자랄 때 거쳐야 할 과정이지요. 민주주의도 마찬가지 아닐까요? 더 성숙하기 위해 거쳐야 할 성장통으로 오늘의 민주주의 위기를 바라본다면, 21세기 초반을 살아가는 우리의 시대적 소명이 무엇인가를 새삼 성찰하게 됩니다.

민중과 더불어 살아 숨 쉬는 체제로서 민주주의를 판단할 때, 우리는 주권을 단지 선언적으로 이해하거나 주권 행사를 투표만으로 제한하는 고정 관념에서 벗어나 주권을 민중의 자기 통치로 인식하고, 주권 행사를 가로막는 구조를 바꾸는 일에 나서게 됩니다. 한 개인이 성장통을 이기고 어른이 될 때 비로소 자주적 존재가 되듯이, 민주주의도 성장통을 잘 넘어설 때 '모든 권력이 국민으로부터 나오는' 사회를 이룰 수 있습니다.

20세기 세계사를 톺아보면, 자본주의적 민주주의의 한계를 넘어서려는 사회주의 혁명은 민주주의 성장에 크게 기여했지만 정치적 독재로 흐르면서 민중(인민)의 주권을 온전히 구현하지 못했습니다. 여기서 우리는 한 가지 사실을 분명히 알 수 있습니다. 시장의 논리, 자본의 이윤 추구에 대한 통제는 그 통제의 주체가 아래로부터 올라오는 민중이 아닐 때, 일당 독재의 국가 사회주의 형태가 나타날 수밖에 없다는 사실입니다.

따라서 문제의 핵심은 민중의 자기 통치라는 민주주의의 근본적인 철학을 누가 어떻게 실천하고 구현하느냐에 있습니다. 여기서 핵심은 민주주의의 주체, 자기 통치의 주체, 주권의 주체이지요. 민중의 광범위한 동의 없이, 민중 스스로 통치에 나서는 실천 없이는 그 어떤 혁명적 변화도 주권을 온전히 구현하는 민주주의를 성숙시킬 수 없다는 게 20세기 내내 질풍노도와 같이 휘몰아쳤던 사회주의 혁명의 교훈입니다.

바로 그래서 독일의 사회 철학자 위르겐 하버마스는 주권을 실현하는 과정에서 토론의 중요성을 강조합니다. 한 사회가 풀어 가야 할 문제에 대해 찬성과 반대의 모든 목소리를 충분히 듣고 적합한 정보들을 검토해 누구나 토론에 참여하는 게 민주주의의 관건이라는 주장입니다. 정당과 의회와 정부를 포함해 논쟁을 통해 공정한 타협이 이루어졌다면, 그때 국민 주권이 제도화되었다고 할 수 있다는 게 하버마스의 논리이지요.

여기서도 확인할 수 있듯이 정보를 취합하고 토론을 통해 올바른 결정에 이를 수 있으려면 그만큼 사회 구성원들의 의식이 뒷받침돼야 합니다.

우리 헌법의 선언처럼 "모든 권력은 국민으로부터 나온다"면, 단순한 수사학 차원을 넘어 그 조항을 현실로 구현하는 힘은 무엇일까요? 주권자인 국민, 국민의 절대 다수인 민중의 슬기입니다.

이것은 '막연한 이야기'라고 지레 손사래 칠 문제가 결코 아닙니다. 만일 그렇게 생각했다면, 장담하거니와 당신이 이미 누군가로부터 세뇌되어 있다는 증거입니다. 물론 모든 게 민중의 대화와 토론으로 이루어져 민중 주권이 온전히 구현된 나라는 아직 지상에 없습니다.

하지만 대화와 토론이 어느 정도 뿌리내린 독일 사회를 엿볼까요? 다음은 독일에서 유학한 강수돌 교수가 현장에서 전해 온 청소년들의 일상생활입니다.

"여기서는 아이들이 학원이다 과외다 등등으로 시달림을 받지 않는 곳이기에, 또 5분만 나가면 공원이나 잔디밭에서 공을 차며 또는 자전거를 타며 즐거운 시간을 보낼 수 있기에 우리 눈엔 마치 '천국'처럼 보입니다. 학비가 없어 누구나 열심히 하고자 하기만 하면 학교 문이 활짝 열려 있다는 것입니다. 초·중·고는 물론 대학, 대학원도 등록금이 거의 없습니다. 석, 박사 과정을 해도 학교에 내는 등록금이 없고 책값과 생활비만 있으면 공부를 합니다.
(…… 초·중·고에서 학급당 학생 수가 현저히 적어) 선생과 학생이 깊이 교류할 수 있고 선생은 학생들의 고충과 적성 등을 헤아려 가면서 개별 지도까지 할 수 있습니다. 또 토론식 수업에서 학생들은 자신의 생각과 논리를 조리 있게 발표하는 훈련을 매일 하고, 동시에 다른 학생들의 발언을 진지하게 경청하는 습관을 길러 사고 폭도 넓히고 민주적 토론 방식도 체득합니다. 바로 이런 과정이 수십 년, 수백 년 계속됨으로써 창의성이 발달되고 다양성이 용인되며 서

로의 차이를 존중하고 남을 배려하는 사회가 된 게 아닌가 합니다."

어떤가요. 한국의 청소년들과 독일의 청소년들, 일상의 삶이 확연히 다르지요. 그 차이를 무시할 만큼 '용기' 있는 사람이 있을까요?

여기서 우리는 노동 교육, 사회 민주주의 정당, 학교 생활, 토론과 같이 전혀 별개처럼 보이는 사안들이 투표라는 주권 행사와 긴밀하게 연결되어 있다는 사실을 확인할 수 있습니다. 독일 초·중·고등학교의 자유롭고 즐거운 수업, 노동 교육, 토론 실습은 그것을 정책으로 내걸었던 정치 세력이 법과 제도로 그것을 구현했기 때문이고, 그들이 법제화할 수 있었던 이유는 그들을 다수당으로 만들어 준 투표 때문이지요. 유권자들이 민주주의의 성숙에 절실한 정책과 입법을 충분히 알고 있어야, 그것이 실현 가능한 선거 결과를 낳을 수 있습니다.

따라서 민주주의는 주권이라고 할 때, 우리는 단순한 투표 행위만이 아니라 일상생활 속에서 이뤄지는 정치, 생활 정치에 주목해야 옳습니다. 일상의 정치에서 주권을 행사하려면 주권자로서 자신의 정치의식을 갖춰야겠지요.

당연한 일이지만, 주권자의 정치의식, 주권 의식은 저절로 갖춰질 수 없습니다. 주권자인 국민이 정치, 경제, 사회에서 일어나고 있는 사건과 현상을 정확히 알려면 학습이 필요합니다. 이것이 자기 계발 아닐까요?

주체적 세상 읽기가 필요한 까닭

21세기 정보화 사회에서 개개인의 '자기 주도 학습 self-directed learning'은 '필수' 입니다. 모든 선진국에서 평생 교육이 점점 더 중요한 정책 과제로 떠오르고 있지요.

한국의 10대들이 학교에서 많이 들었을 자기 주도 학습은 말 그대로 '학습자가 주체가 된 학습' 입니다. 비단 청소년기에 한정된 미덕이 아니지요. 민주주의가 인생이라고 했듯이, 자기 주도 학습은 주권자로서 평생에 걸친 자기 계발의 '필수 과목' 입니다.

더러는 자기 주도 학습이라는 말에 비판적인 사람도 있습니다. 모든 걸 개인의 책임으로 돌린다는 지적이지요. 틀린 말은 아닙니다. 사회 구조적 상황을 해결하지 않고 자기 주도 학습만 강조한다면 분명 옳지 않습니다.

하지만 자기 주도 학습이나 자기 계발이 본디 의미가 없다고 단언하거나, 그것을 핑계로 학습이나 계발에 게으름을 피운다면 참으로 어리석은 일입니다. 몸담고 있는 사회를 바꾸는 일과 병행해서, 아니 바꾸기 위해서라도 주권자로서 자기 주도 학습과 자기 계발은 권장해야 마땅한 덕목이니까요.

우리가 살아가는 세상, 사회를 학습하는 '교재'로 흔히 신문을 꼽습니다. 정치, 경제, 사회, 국제적 사건들이 곰비임비 이어지는 세상을 읽어 가는 데 신문은 유용한 도구입니다. 신문사들도 신문 읽기를 평생 학습의 중요한 영역으로 자부하고 있지요. 신문 활용 교육(NIE, Newspaper in Education)이 그것입니다. 애초 미국에서 시작한 신문 활용 교육은 국내에서도 일선 초·중·고등학교로 퍼져 가고 있지요.

한 예로 《중앙일보》는 'NIE연구소'까지 운영하며 정기적으로 신문에 지면화 하고 있습니다. "신문을 놀이·토론 교재로 …… NIE 새 실험 눈길" 제하의 《중앙일보》 기사(2009년 2월 17일 자 28면)가 보기입니다. "통합적 사고 기르는 데 신문이 최고" 제하의 기사(2008년 7월 4일 자 19면)는 "인간의 지적 능력 향상은 읽기 문화를 전제로 한다. 그 기본은 신문 읽기에서 출발한다"라는 한 대학 교수의 말로 시작합니다. "선진국들처럼 우리도 읽기 문화 진흥에 신문을 활용해야 한다"며 신문은 "읽기는 물론 쓰기·말하기·듣기 능력과 정보를 분석·비판할 수 있는 능력을 계발해 주고, 창의적인 사고력을 키우는 데도 도움을 준다"고 주장합니다.

하지만 신문 활용 교육이나 신문 읽기를 통한 '자기 계발'에는 주의할 게 있습니다. 미국에서 시작한 신문 활용 교육의 궁극적 의도가 전파 매체의 팽창으로 위기의식을 느낀 신문사들의 장기적 판매 전략이었다는 사실입니다. 더구나 한국에서 발행 부수가 많은 신문들은 응당 지켜야 할 사실 보도조차 충실하지 않습니다. 이 책에서 틈틈이 소개했듯이 노동 문제나 노사 관계에 빨간 색깔로 덧칠을 서슴지 않고, 일방적으로 신자유주의에 찬가만 불러 대는 신문으로 21세기의 정치와 경제를 학습할 때, 과연 그 '계발'이 어떤 의미가 있을까요?

바로 그렇기에 특정 신문에 매몰된 신문 읽기에서는 하루라도 빨리 벗어나야 합니다. 최소한 성격이 다른 신문이나 인터넷 신문을 비교하며 읽어야 옳지요. 그때 비로소 신문이 평생 학습의 무기가 될 수 있습니다. 신문으로 읽어 가는 세상을 좀 더 깊이 알기 위해 관련된 책을 펴드는 학습은 언제나 주권자의 미덕입니다.(신문 읽는 방법에 대한 더 자세한 논의는 《신문 읽기의 혁명 1, 2》를 참고하기 바랍니다.)

주권자로서 주체적 신문 읽기나 학습과 더불어 능동적 삶을 살아가는 길은 '직접 언론'입니다. 20세기 말에서 21세기 초에 걸친 인터넷 혁명은 누구나 기사를 작성해 웹상에서 공유할 수 있는 시대를 열었습니다. 블로그가 대표적 보기이지요. 직접 언론은 스스로 학습한 내용을 직접 기사화해 가는 '언론 생활'을 이룹니다. 자기 주도 학습이 직접 언론으로 이어지는 매개가 '문제 중심 학습'이지요. 단지 지식을 추구하는 게 아니라, 지식을 활용하고 앞으로 마주칠 문제에 적절하게 대처할 수 있는 능력을 스스로 계발하는 겁니다.

따라서 학습자 자신이 문제를 파악하고 해결 방안을 찾아가야 합니다. 그 과정에서 서로 협력하며 학습하는 데도 인터넷은 유용한 '무기'입니다. 학습자들 사이에 온라인 카페를 만들어 얼마든지 공론장을 마련할 수 있습니다. 우리 사회가 풀어 가야 할 정치 경제적 '문제'들을 신문과 방송사에만 의존하거나 직업 정치인들에게 기대는 시대를 넘어설 수 있는 조건은 분명 익어 가고 있습니다.

여기서 주권자로서 골치 아프게 살아갈 필요가 있을까라는 물음이 나올 수도 있습니다. 많은 자기 계발서들이 권하듯이 모든 걸 긍정적 사고로 바라보며 살겠다고 생각할 수도 있겠지요.

하지만 냉철해야 합니다. 창백하게 보낸 10대의 지난 시절을 톺아보는 일 못지않게, 남은 평생 신자유주의 체제가 주도하는 자본의 논리에 종속되어 서서히 늙어 가는 모습을 상상해 보기 바랍니다. 우리가 주체적 세상 읽기에 나서야 할 절실한 이유이지요. 주권의 중요성은 다름 아닌 우리 개개인의 삶이 지닌 일회성과 존엄성에 뿌리를 두고 있습니다.

신자유주의를 넘어선 새로운 민주주의, 새로운 사회의 정치와 경제는 우리가 직접 나서서 창조적으로 구현해 갈 때 비로소 열립니다. "모든 권력이 국민으로부터 나오는" 정치와 경제를 일궈 내는 일(노동)은 주권자가 자신의 권리를 온전히 행사하는 길인 동시에 세계사적으로 인류가 민주주의의 새로운 발전을 이룰 수 있는 길입니다.

민주주의의 자주적 발전이 외세의 간섭으로 뒤틀린 나라에서는 민족 주권 또는 국가 주권을 온전히 세워야 옳습니다. 민족과 국가의 주권을 세워 가는 밑절미는 민주주의여야 합니다. 다만 제국주의로 남의 나라 주권을 짓밟았던 나라의 주권 의식과 제국주의의 식민지였던 나라의 주권 의식은 다를 수밖에 없겠지요. 식민지 경험이 있는 나라에서 주권자는 민족 주권에 대해서도 자기 계발이 절실하고 그만큼 더 깊은 슬기를 갖춰야 합니다.
 개개인이 주권자로서 자기 계발에 나서는 길, 자아실현을 해 나가는 길, 그 길에서 민주주의는 주권이라는 명제와 인생이라는 명제가 맞닿아 있습니다.

민주주의 수준과 노동자 의식

민주주의 탄생기에 주권은 몹시 불완전한 상태였습니다. 민주주의가 뿌리내리는 과정에서 왕정 복구가 되풀이되었는가 하면, 투표권이라는 기본적인 주권도 보편적 권리가 아니었습니다.

민주주의가 성장하는 데 큰 전환점을 마련한 주체는 민중, 그중에서도 노동자였습니다. 하지만 상공인들이 노동자를 앞세워 왕정을 무너뜨린 뒤 그 열매를 독식했기 때문에 민주주의의 발전은 가로막혔습니다. 상공인들은 투표권을 일정한 재산을 소유한 사람에게만 주었지요. 노동자의 정치적 힘이 커져 가는 걸 막으려는 의도였습니다. 노동자가 다수였기에 권력을 잃을까 우려했지요.

바로 그렇기에 상공인들이 중심이 된 자본주의 체제에서 대다수 민중은 자신의 권리를 찾는 운동에 나설 수밖에 없었습니다. 한 곳에 집중해서 일하는 노동자들이 자연스럽게 앞장서게 되었지요. 우리가 잊어서는 안 될 교훈이 여기서 도출됩니다. 민주주의의 세계사적 전개 과정으로 볼 때, 만일 노동자들의 싸움, 노동 운동이 없었다면 인류는 보통 선거권조차 확립하지 못했을 게 분명합니다.

프랑스 혁명 이후 커 나가던 노동 운동은 자본주의를 넘어서려는 사회주의 운동과 결합했습니다. 상공인이 중심이 된 자본주의 체제가 노동자를 착취하며 민주주의를 위협하자 사회주의 운동이 거세게 일어났지요. 20세기 들어 러시아에서 중국, 동유럽으로 사회주의 혁명이 퍼져 가면서 자본주의 국가들도 사회 복지를 늘려 나갔습니다. 민중의 주권 의식이 성장하면서 민주주의도 발전해 갔지요.

한국 민주주의 수준이 유럽 민주주의와 차이가 나는 가장 큰 이유는 노동 운동에서 찾을 수 있습니다. 노동 운동에 기반을 둔 진보 정당이 집권해 복지 정책을 구현해 본 경험이 없는 나라가 대부분 그렇듯이, 한국 사회에서 노동자들은 언론이나 학교 교육을 통해 주권자로서 자신의 권리를 학습할 기회가 전혀 없습니다.

사회민주주의 정당이 집권한 경험이 많은 스웨덴이나 노르웨이는 물론, 프랑스나 독일, 영국이 초·중·고등학교에 노동 교육을 제도화해 놓은 까닭은 노동이 개개인의 삶은 물론, 사회를 구성하는 데 가장 중요한 밑절미이기 때문입니다. 하지만 한국 사회에선 노사 관계를 '사람이 살아가는 데 가족 관계와 더불어 가장 중요한 관계'로 인식하는 사람이 과연 얼마나 될까요? 바로 그것이 한국과 유럽 민주주의의 차이가 커져가는 출발점 아닐까요?

근대 세계사를 통시적으로 보거나 현재 세계 여러 나라를 공시적으로 보더라도 자본과 노동 사이의 역학 관계가 지구촌 민주주의는 물론, 한 나라의 민주주의 수준을 결정한다는 사실을 확인할 수 있습니다. 여기서 노동은 정규직 노동자만을 뜻하는 게 아닙니다. 자신의 노동(일)으로 임금(월급)을 받아 살아가는 모든 사람을 이릅니다.

유권자인 국민 대다수가 자신의 노동으로 살아가고 10대 청소년의 절대 다수도 노동자로서 살아간다는 엄연한 진실을 자각할 때, 온전한 노동자 의식을 갖춘 개개인이 정치 경제 생활의 주권자로서 자신을 성찰하며 살아갈 때, 대한민국 민주주의는 그만큼 숙성해지겠지요.

7장 민주주의는 사랑이다

다른 사람의 삶을 존중하며 사랑하고 연대하라

"억압당하고 차별받는 사람들이 있고
갈등이 불거지는 사회에서
그 억압과 차별과 갈등을 해결하지 않은 채
'화합'이나 '단합'을 부르대는 언행은 또 다른 억압이고
차별의 은폐이고 더 큰 갈등의 원인입니다.
억압과 차별을 해결하고 갈등을 풀어 가는 일,
바로 그것이 사랑 아닐까요?"

1. 갈등과 화합의 고정 관념

"민주주의는 화합이다."

적잖은 사람들이 사뭇 진지하게 강조하는 말입니다. 기실 '화목하게 어울림'에 반대할 사람은 아무도 없을 터입니다. 민주주의가 화합이란 말은 민주주의를 여러 빛깔로 살펴본 이 책의 마지막 장에 잘 어울리는 명제일 수도 있습니다.

하지만 민주주의를 화합이라고 정의하기 어려운 이유가 있습니다. 화합을 참으로 쉽고 편하게 이야기하는 사람이 너무 많기 때문입니다. 그들은 민주주의를 싸움이라고 말하거나 주권이라고 정의하는 사람들은 '화합'을 저해하는 세력이라고 눈 부라리며 단정 짓습니다. 때로는 '색깔 공세'를 펴거나 '법치'를 들이대며 서슬이 시퍼렇습니다. 민주주의는 '주권'이라며 국민 개개인의 주권의식을 강조할라치면, 갈등으로 사회 분열이 일어난다고 '불온한 사람' 취급하기 일쑤입니다.

무릇 사람들이 함께 살아가는 세상에서 화합이 바람직한 가치임은 분명합니다. 문제는 화합을 찬성하느냐 반대하느냐에 있는 게 아니라, 어떻게 화합을 이루느냐에 있지 않을까요? 화합을 강조하는 사람이 갈등을 어떻게 처리했는가를, 갈등을 어떻게 풀고 있는가를 섬세하게 짚어 보아야 할 이유입니다.

많은 사람에게 '갈등'과 '화합'이라는 두 말은 '바늘과 실'처럼 함께 다가옵니다. 일상생활에서 우리는 갈등이 불거지면 금세 화합을 떠올립니다. 그러다 보니 갈등은 부정적 어감으로, 화합은 긍정적 어감으로 다가오기 십상이지요.

한국 사회에서 갈등의 부정적 어감은 뿌리가 깊습니다. 조선 시대의 신분 체제는 물론, 일본 제국주의 강점기, 분단 체제를 거치면서 갈등이 불거지는 걸 '용납'하지 않는 사회에서 살아왔기 때문이지요. 한국인이라면 누구나 어렸을 때 귀 따갑도록 듣는 속담이 있습니다. "모난 돌이 정 맞는다." 여기에 "둥글둥글 살라"는 교훈도 덧붙습니다. 그 연장선입니다. 어디선가 갈등이 불거질 때, 우리는 그것을 곧장 해결하지 않으면 안 되는 부정적 현상으로 받아들이지요.

특히 30년 동안 지속된 군부 독재 시기를 지나며 사회화된 많은 한국인에게, 갈등이란 사회악으로 인식되기도 합니다. 일렬로 선 줄에서 조금이라도 어긋나면 '일탈'로 바라보는 일사불란식의 군대 문화가 아예 갈등을 인정하지 않는 풍토를 만들었지요. 군대식

문화는 학교까지 침투했습니다. 고등학교에서 군사 훈련을 정규 과목으로 편성했던 과거보다 나아지기는 했지만, 지금도 여전히 규제 일변도의 '훈육'이 10대가 '올바르게 성장'하는 데 유익하다는 사고를 고집하는 '교육인'들이 있습니다.

찬찬히 성찰해 봅시다. 갈등이 과연 부정적 현상일까요? 그렇지 않습니다. 사람과 사람이 모여 이룬 사회에서 갈등은 '아주 자연스러운 현상'이라는 발상의 전환이 절실합니다. 간단한 자문으로 우리는 갈등의 소중함을 곧장 확인할 수 있습니다.

지금 이 순간, 전혀 갈등이 없는 사회를 상상해 보십시오. 어떤 사회가 될까요. 생동감을 잃은 무미건조한 사회, 백짓장처럼 창백한 사람들이 오가는 사회가 되지 않을까요? 주권자 개개인이 모여 이룬 사회에서 아무런 갈등이 없다는 게 기실 상상이나 할 수 있는 풍경인지 되묻고 싶습니다.

갈등의 자연스러움은 다름 아닌 자신의 내면을 응시할 때도 확연히 깨달을 수 있습니다. 살아가며 우리 가슴에 곰비임비 일어나는 갈등을 톺아보기 바랍니다. 만일 누군가 자신을 전혀 갈등이 없는 사람으로 보거나, 내면의 갈등을 모두 부정적으로만 바라본다면, 삶은 얼마나 황량하겠습니까?

한 개인의 내면에서도 갈등은 무시로 일어나기 마련인데 하물며 개인과 개인이 모인 사회에서 갈등은 당연한 현상입니다. 갈등을 부정적 현상으로 보아 그것이 불거지는 걸 외면하거나 막으려 할 때 갈등은 되레 커지게 마련이지요. 갈등 자체를 비틀어 인식하면, 문제의 해결은 뒤틀릴 수밖에 없습니다. '뒤틀다'는 '비틀다' 보다 정도가 센 현상이지요.

비틀린 갈등이 낳는 뒤틀린 화합

비틀린 갈등이 뒤틀린 화합을 낳는 우리 사회의 살풍경은 곳곳에서 드러납니다. 구체적으로 살펴볼까요?

먼저 일방적 화합이 있습니다. 갈등이 불거진 상대와 전혀 논의도 없이 화합했다고 선포하는 방식이지요. 우리 민주주의 전개 과정에서 보기를 들어 봅시다. 2009년 8월, 김영삼 전 대통령은 김대중 전 대통령이 운명하기 8일 전에 세브란스 병원을 방문했었지요. 방문 뒤 병원을 나오며 김영삼은 취재 기자들 앞에서 "이제 김대중과 화해할 때가 되었고 또 화해했다고 봐도 좋다"고 주장했습니다. 신문과 방송은 그의 발언을 돋보이게 부각했지요. 두 김씨가 마침내 화해했다고요. 하지만 진실은 어떤가요? 당시 김영삼은 김대중을 만나지도 못했습니다. 병세가 위독했기 때문이지요. 병실로 들어가지도 못한 채 부인(이희호 여사)만 만났습니다. 김영삼은 병문안 온 날까지 아무런 사전 연락도 없었답니다.

박정희 군부 독재에 맞서 싸우던 민주화 운동 과정에서 김영삼과 김대중은 협력하면서도 경쟁했지요. 문제는 두 사람 모두 대통령 자리에서 물러난 뒤에도 김영삼이 집요하게 김대중을 몰아세운 데 있습니다. 실제로 김영삼은 틈날 때마다 김대중을 비난했습니다. 한때 '민주 인사'로 불렸던 김영삼은 김대중을 빨갛게 덧칠하는 색깔 공세도 서슴지 않았습니다. 2008년 12월 《중앙일보》와의 인터뷰에서 김영삼은 "김대중이라고 하는 사람에게 제일 좋은 방법은 이북에 보내는 것"이라고 살천스레 주장했습니다. 말살에 쇠살이어서일까요. 대통령이 된 뒤 김대중은 김영삼의 공세에 한 번도 대꾸한 바 없습니다. 침묵으로 일관했지요.

그렇다면 문제는 간명합니다. 김영삼이 김대중에게 사과하고 이를 김대중이 받아들일 때 화해가 성립한다는 게 상식이지요. 만나지도 못하고 자신에 대해 아무런 성찰도 없이 반민주적 색깔 공세까지 폈던 김영삼이 김대중과 화해했다고 언죽번죽 주장하는 행태는 일방적 화합에 지나지 않지요.

문제는 '김영삼식 화해'가 보편적이라는 데 있습니다. 한국 사회에서 가해자가 피해자에게 아무런 사과 없이 화합을 부르대거나 화해했다고 언구럭 부리기는 김영삼만의 '만용'이 아닙니다. 일상의 생활에서 우리는 일방적 화합의 양상을 수시로 목격할 수 있습니다. 더러는 가정의 부모나 형(또는 언니)으로부터, 더러는 학교의 교사(또는 교수)나 선배로부터, 일터의 상사로부터, 성추행 가해자로부터, 민심을 거스른 정치인들로부터 일방적 화해나 화합의 선언을 넘쳐 나도록 들어 왔습니다.

하지만 일방적 화합은 화합이 아님을 당당하게 이야기해야 민주주의가 가능합니다. 일방적 화합을 주장하는 사람이나 세력에게 화합에는 전제가 있다는 진실도 알려 줘야 옳지요. 피해자가 가해 행위를 용서할 수 있을 만큼의 사과가 필요합니다. 바로 그 점에서 김대중이 대통령에 당선된 직후 감옥에 갇혀 있던 전두환과 노태우를 풀어 주는 데 앞장선 사실도 '일방적 화합'의 범주에 들어가지요. 전두환과 노태우가 5월 항쟁에 얼마나 진정성 있는 사과를 했는가에 회의적이기 때문만은 아닙니다. 5월 항쟁의 유족과 민주 시민이 엄연한 당사자임에도 김대중이 그들과 상의 없이 전두환과 노태우의 사면을 주도한 일은 일방적 처사였기 때문이지요.

일방적 화합과 달리 위선적 화합도 있습니다. 스스로 화합할 생각이 전혀 없으면서 화합을 과시하듯 들먹이는 방식이지요. 위선적 화합에선 최소한의 진정성도 찾을 수 없음은 물론, 정략적 의도마저 드러납니다. 김대중 전 대통령의 서거 직후 이명박 대통령의 정기 라디오 연설(2009년 8월 24일)을 들어 볼까요?

이명박은 "갈등의 시대를 끝내고 통합의 시대를 열어야 한다"며 화합을 강조했습니다. 그는 "김 전 대통령이 남긴 화합과 통합의 유지를 받들어 정치 개혁을 반드시 하겠다"며 '통합'이라는 단어를 8번이나 언급했지요. 언제나 한나라당에 기울어져 있는 신문들이 적극 가세했습니다. 《조선일보》는 영결식 바로 다음 날 사설(2009년 8월 25일 자)에서 이명박의 라디오 연설을 언급하며 "우리 사회의 갈등은 민주 사회에서 흔히 보는 다른 견해의 충돌이 아니라 적대 세력 간 생사를 건 싸움으로 악화돼 있다"며 역시나 화합의 중요성을 부르댔습니다. 평소 자신과 생각이 다른 사람이나 노동 운동에 '친북 좌파'라는 색깔 공세를 폄으로써 적대시해 온 신문이 새삼 화합을 강조하는 모습을 어떻게 보아야 할까요?

《조선일보》만이 아니지요. 《동아일보》와 《중앙일보》도 김대중의 서거 앞에서 '화합'을 집중 부각했습니다. 이희호가 영결식에서 "화해와 용서, 행동하는 양심이 남편의 유지"라고 한 발언을 소개하면서요. 정작 '행동하는 양심'은 모르쇠 한 채 '화해'에만 방점을 찍었음을 분명히 짚어야 합니다. 이 신문들의 지면에서 '행동하는 양심'을 유지로 계승하자는 내용은 전혀 찾아볼 수 없었으니까요.

하지만 서거 직전 김대중 전 대통령의 무게는 '용서' 보다 '행동하는 양심'에 있었습니다. 김 전 대통령은 임종 직전까지 민주주의와 민생, 남북 관계의 3대 위기를 날카롭게 지적하며 시민들이 행동에 나설 것을 촉구했지요. 〈인생은 아름답고 역사는 발전한다〉는 제목으로 영결식 당일 배포된 김대중의 마지막 일기가 그 증거입니다. 2009년 1월 1일부터 6월 2일까지 공개된 일기에서 이명박 정권이나 그를 비호하는 신문을 상대로 화합이나 통합을 거론한 글은 전혀 찾을 수 없습니다. 오히려 김대중은 "나쁜 정당"이나 "나쁜 신문"이란 표현을 서슴지 않았지요.

2009년 6월, 김대중 전 대통령은 6·15 남북공동선언 9주년 기념 행사 준비 위원들과 만난 자리에서 이명박 정부가 들어선 뒤 민주주의의 위기가 "너무 급해졌다. 기가 막히다"면서 다음과 같이 말했지요.

"나는 이기는 길이 무엇인지, 또 지는 길이 무엇인지 분명히 말할 수 있습니다. 반드시 이기는 길도 있고, 또한 지는 길도 있습니다. 이기는 길은 모든 사람이 공개적으로 정부에 옳은 소리로 비판해야 하겠지만, 그렇게 못하는 사람은 투표를 해서 나쁜 정당에 투표를 하지 않으면 됩니다. 그리고 많은 사람들이 나쁜 신문을 보지 않고, 또 집회에 나가고 하면 힘이 커집니다. 작게는 인터넷에 글을 올리면 됩니다. 하려고 하면 너무 많습니다. 하다못해 담벼락을 쳐다보고 욕을 할 수도 있습니다. 반드시 지는 길이 있습니다. 탄압을 해도 '무섭다', '귀찮다', '내 일이 아니다'라고 생각해 행동하지 않으면 틀림없이 지고 망합니다. 모든 사람이 나쁜 정치를 거부하면 나쁜 정치는 망합니다. 보고만 있고 눈치만 살피면 악이 승리합니다."

그래서였지요. 김대중 전 대통령이 입원하기 직전까지 이명박 정부와 한나라당은 입을 모아 김대중을 비난했습니다. 심지어 전직 대학 교수 김동길처럼 김 전 대통령에게 왜 자살하지 않느냐고 비아냥거리는 자칭 '보수주의자'들도 있었지요. 스스로 펼친 욕설이 채 잊히기도 전에 고인의 죽음 앞에서 무람없이 '화합'을 강조하는 태도는 위선의 전형이지요. 위선적 화합 또한 일방적 화합이 그렇듯이 우리 사회에 넘쳐 납니다. 일방적이고 위선적 화합은 실제 우리 민주주의의 현실이 웅변해 주듯이 그 누구에게도 도움이 될 수 없습니다. 민주주의를 화합으로 이야기하기 어려운 이유가 여기 있습니다.

2. 주권자들의 인간적 연대

무엇보다 큰 문제는 말끝마다 화합과 민주주의를 내세우면서 갈등을 노골적으로 억압하는 사람들입니다. 억압적 화합은 위선적 화합의 외관마저 벗어버리고 화합을 강요합니다. 한국 사회에서 노사 갈등이 일어날 때마다 화합을 강조하는 사람들이 보이지요.

가령 이명박 정부는 공무원 노동조합이 자체 노조 행사에서 민중 의례를 한다며 징계하겠다고 엄포 놓았습니다. 민중 의례에서 "민중가요('임을 위한 행진곡')를 부르고 대정부 투쟁 의식을 고취하는 행위는 국민에 대한 봉사자 신분인 공무원의 품위를 손상해 국가공무원법 제63조와 지방공무원법 제55조의 '공무원 품위 유지 의무' 위반"이라는 주장입니다.

대정부 투쟁 의식을 고취한다는 이유로 '민중가요'를 금지시키겠다는 정부에 언론은 장단을 맞춥니다. 《조선일보》는 사설(2009년 10월 26일 자)에서 "민중 의례 하는 공무원을 내쫓아야 한다"고 선동했습니다. 하지만 '님을 위한 행진곡'은 국립묘지에 안장돼 있는 5월 항쟁의 민주 시민을 추모하며 부르던 노래입니다. 이 노래에 대한 비난은 법과 제도를 통해 '민주화 운동'으로 역사적 의미가 정립된 5월 항쟁을, 군부 쿠데타에 맞서 민주주의를 지키려던 민주 시민들의 싸움을 전면 부정하는 반민주적 발상이지요.

정녕 민중 의례에서 이 땅의 민주주의를 위해 싸운 선구자들을 기리는 묵념이 '불온' 하다고 판단한다면, 우리는 마땅히 물어야 합니다. 이명박 정부와《조선일보》는 군부 독재 정권에 맞서 민주주의를 위해 싸우다 숨진 민주 시민을 어떻게 판단하고 있는가를. 혹시 아직도 '폭도'와 '총을 든 난동자'로 생각하는지를.

비단 민중 의례 소동만이 아니지요. 이명박 정부가 전국 공무원 노조와 전국 교직원 노조를 상대로 벌인 탄압과 해고, 일방적인 단체 협약 폐기는 투표를 통해 선출됐다는 사실만으로 민주 정부가 담보되는 게 결코 아니라는 진실을 깨우쳐 줍니다. 헌법이 보장한 노동 기본권을 침해하는 정부는 민주주의를 거스른 게 틀림없으니까요.

억압당하고 차별받는 사람들이 있고 갈등이 불거지는 사회에서 그 억압과 차별과 갈등을 해결하지 않은 채 '화합'이나 '단합'을 부르대는 언행은 또 다른 억압이고 차별의 은폐이고 더 큰 갈등의 원인입니다. 억압과 차별을 해결하고 갈등을 풀어 가는 일, 바로 그것이 사랑 아닐까요?

자, 그렇다면 "민주주의는 사랑"이라는 명제, 조금은 관념적으로 다가오는 이 정의를 구체적으로 짚어 봅시다. 우리는 "민주주의는 정치다"라는 사실을 들여다 보면서 1886년 시카고 헤이마켓 광장의 비극을 살펴보았지요. 당시 억울하게 사형당한 또 다른 노동 운동 지도자의 최후 진술은 사랑이 무엇인가를 성찰하는 데 도움을 줍니다.

"그렇다. 나는 지금은 비록 임금을 받아먹고 사는 노예에 지나지 않지만 그렇다고 이 노예 같은 신분에서 벗어나기 위해 나 자신이 노예의 주인이 되어 남을 부리는 것은, 나 자신은 물론 내 이웃과 내 동료들을 욕되게 하는 것이라고 확신하는 사람 중에 하나다. 만약에 인생의 길을 달리 잡았다면 나도 지금쯤 시카고 시내의 어느 거리에 호화로운 저택을 장만하고 가족과 더불어 사치스럽고 편안하게 살 수 있었을 게다. 노예들을 나 대신 일하도록 부려 가면서 말이다."

얼마든지 호사롭게 살 수 있는 길이 있었지만, 자신의 행복을 위하여 다른 사람을 부릴 수 없었다는 노동 운동가가 남긴 최후 진술은 한 시대를 사랑한다는 게 어떤 의미인가를, 민주주의의 사랑이 무엇인가를 깊은 울림으로 가르쳐 줍니다. 흑인 차별이 몹시 심했던 그 시기, 사형당한 그 노동 운동가는 흑인 여성과 결혼했다는 이유만으로 헤이마켓 사건 이전부터 '동료' 백인들로부터 온갖 수모를 당했지요. 최후 진술을 조금 더 들어 볼까요? 그는 "그러나 나는 그 길을 걷지 않았다. 그 때문에 나는 여기 재판정에 서게 되었다. 이것이 내 죄인 것이다"라고 말한 후 마지막 사자후를 쏟아냈습니다.

"파업하는 노동자에게 폭탄을 던지라고 말한 것이 누구인가? 독점 자본가들 아닌가? (……) 그렇다. 그들이 주모자들이다. 5월 4일 헤이마켓 광장에 폭탄을 던진 것은 바로 그들이다. 8시간 노동 운동을 분쇄하기 위해 뉴욕에서 특파된 음모자들이 폭탄을 던진 것이다. 재판장, 우리는 단지 그 더럽고 악랄 무도한 음모의 희생자들이다."

자신만의 호화로운 생활을 접고 같은 시대를 살아가는 사람의 고통을 해결하려다가 억울하게 사형당한 노동 운동가들의 사랑은 과연 헛된 일이 되었을까요? 전혀 아니지요. 그들은 헤이마켓 광장의 폭탄 조작 사건으로 형장의 이슬로 사라졌지만, 이슬처럼 빛나는 희생에 공감해 하루 8시간 노동제를 요구하는 운동은 마른 광야의 불처럼 번져 갔지요. 그들의 사랑을 밑거름으로 하루 8시간 노동 제도는 마침내 입법되어 꽃을 피우게 되었습니다. 사형당한 백인 노동 운동가의 흑인 아내도 여든 살이 넘어 숨질 때까지 줄곧 노동 운동 진영에서 싸웠습니다.

분명히 짚고 갑시다. 지금 이 순간 하루 8시간 노동 제도가 뿌리내린 한국 사회에 사는 대다수는 나라 안팎의 수많은 노동 운동가들이 온몸을 던져 실현한 사랑, 그 사랑의 수혜자들입니다. 만일 그들이 자기 일신이나 가족과 눈앞의 행복을 위해 싸움을 포기하고 침묵하며 살다가 늙어 죽었다면, 하루 15시간이 넘는 장시간 노동에 얼마나 많은 사람이 더 혹사당했을까요?

갈등을 외면하거나 덮어 둔 채 화합을 외치며 법치를 강조하는 사람과, 갈등이 불거지는 원인을 짚고 그것을 풀기 위해 연대에 나선 사람 중에 누가 사랑을 실천하고 있는지, 누가 민주주의자인

지 판단하는 일은 그리 어렵지 않습니다.

주권자로서 정치의식이 자기 존중에서 비롯한다면, 같은 시대를 나와 똑같이 주권자로서 살아가는 타인의 삶을 존중하는 자세는 당연합니다. 자신과 다른 사람의 생각과 삶에 대한 존중, 바로 그것이 사랑의 출발점이지요. 타인의 인간적 존엄성을 부정하는 사람이나 세력에 맞서 싸우는 연대, 그것이 사랑의 실천입니다.

"우리는 사람이 존중되는 평화를 원한다!"

세계화 시대에 갈등과 사랑은 우리의 시야를 지구촌으로 넓혀줍니다. 미국 조지 부시 전 대통령은 2003년, 주권 국가인 이라크를 침략했지요. 그가 내건 전쟁의 명분은 대량 살상 무기를 소유한 이라크의 위험성, 후세인 정부와 9·11 테러의 연관성이었습니다. 하지만 둘 다 사실이 아니라는 게 밝혀졌지요. 부시 정권의 이라크 침략 당시 노무현 정부는 시민 사회단체의 반대 집회가 줄기차게 이어졌는데도 기어이 파병을 단행했습니다. 미국의 침략과 주둔으로 이라크는 주권을 빼앗겼고 민중의 삶은 파괴되었습니다. 이라크 국민은 미군에 맞서 줄기찬 싸움을 벌였지만, '성전'에서 죽은 사람들의 유족은 불행을 감내할 수밖에 없었습니다. 콜레라가 창궐하고, 하수 시설은 파괴돼 19퍼센트만 가동되었지요. 오염된 식수로 고통은 더해졌습니다.

베네수엘라의 대통령 우고 차베스는 유엔 총회 연설을 통해 침략 전쟁을 벌인 부시를 일러 '유황 냄새가 나는 사탄'이라고 비판했지요. 차베스 대통령이 화해를 어떻게 생각하는가는 평화와 관련한 그의 연설에서 엿볼 수 있습니다.

"우리는 평화를 원한다. 단순한 평화가 아니라 사람이 존중되는 평화를! 아프리카에서 노예로 잡혀 온 우리 선조처럼 노예처럼 살아가는 평화나 삶의 뿌리를 박탈당한 원주민이나, 죽은 자가 누릴 수 있는 평화가 아니라 생명이 존중되는 평화를! 정의가 구현되는 평화를! 존엄성이 보장되는 평화를!"

기실 '노예로 살아가는 사람'과 '평화'나 '사랑'이란 말은 한데 놓일 수 없습니다. 누군가를 노예로 부리며 화합했다거나 사랑한다는 말은 가당치도 않은 '코미디'이지요. 노예로 부리는 그 순간, 노예와 노예의 주인 사이에는 갈등이 일어날 수밖에 없으니까요. 그 갈등을 모르쇠 하며 노예를 사랑한다고 말하는 것은 연대나 사랑이 아니라 우월한 위치에서 '은전'을 베푸는 일이지요. 사랑은 연민이나 동정이 아닙니다. 진정 노예를 사랑한다면, 갈등이 일어나는 근거를 없애야지요. 마땅히 노예 제도 폐지를 위해 일어서는 게 사랑입니다.

그렇습니다. 억압과 차별로 갈라진 세상을 하나로 이어 가는 일, 그게 사랑입니다. 21세기가 왔는데도 여전히 노동자의 권리를 억압하는 법과 제도, 정규직 노동자와 비정규직 노동자의 차별,

"유전 무죄 무전 유죄"(돈 있으면 무죄, 돈 없으면 유죄)라는 말이 나돌 만큼 법의 차별적 적용들이 곰비임비 불거지고 있는 한국 사회에서는 주권 의식을 지닌 사람들의 연대와 사랑이 더 절실합니다. 사랑 없이 민주주의는 성숙하지 않으니까요.

3. 노동과 사랑의 민주주의

민주주의가 사랑이라는 명제는 사랑이 무너지고 있는 현대 사회에서 더욱 절실하게 확인할 수 있습니다. 이 사회에서는 인간의 가장 순수하고 원초적 감정마저도 위기를 맞고 있습니다. "10분 더 공부하면 마누라 얼굴이 바뀐다"라는 고등학교 급훈만을 두고 하는 말이 아닙니다. 연애 감정이나 사랑조차 돈으로 좌우되는 세태가 보편화되고 있으니까요. 연애나 사랑을 할 때도 상대의 사회경제적 조건을 살피는 걸 당연하게 받아들입니다. 하물며 결혼에 이르러선 말할 나위가 없습니다.

20세기 들어 본격화한 성의 노골적 상품화는 브레이크 없는 자동차처럼 질주하고 있습니다. 21세기 들어서서는 극단적 형태로 퍼져 가고 있지요. 인터넷이라는 쌍방향 미디어의 출현을 이용해 포르노 동영상을 유포하고 그것으로 돈을 버는 자본가들이 지구촌 곳곳에 독버섯처럼 퍼져 가고 있습니다. 10대 가운데 '야동'을 한 번도 보지 않은 청소년은 '천연기념물'이라는 자조까지 나돌고 있지요.

　민주주의를 위해 자신의 모든 생애를 바친 시인 김남주는 일찍이 시 〈자본주의 사랑〉에서 사랑마저 상품화하고 있는 세태를 통렬하게 고발했습니다.

> 사랑의 비밀처럼 깊은 숲은 없다
> 사랑의 아픔보다 깊은 상처도 없다
> 이제 이런 사랑의 언어는 없다
> 가로등 희미한 옛 사랑의 그림자가 있을 뿐이다
> 자본주의 사랑은
> 남자가 여자에게 여자가 남자에게 1회용 반창고 인스턴트식품이다
> 낮과 밤이 없이 돌아가는 포르노 영화다

　시는 두 행이 더 있습니다. 포르노와 관련한 질펀한 욕설을 담았지요. 시인의 시를 옮기면서 그 대목까지 쓰는 데 망설임이 있었습니다. 하지만 상스러운 말을 시어로 선택한 시인의 뜻이 읽혀졌고, 그 뜻을 10대 청소년들도 충분히 파악할 수 있으리라는 믿음이 생겼습니다. 비속어나 욕설이 때로는 고귀하게 다가올 수 있다는 보기로 이 시를 추천하고 싶습니다. 시의 마지막 두 행을 마저 옮깁니다.(끝내 있는 그대로 시어를 옮기지 못하고 'ⅹ'로 처리한 것을 고 김남주 시인이 양해해 주리라고 기대합니다.)

개×이고 닭×이고 말×이다
당나귀 ×이 여성의 우상이다

시인은 '깊은 비밀의 숲'과 '깊은 아픔의 상처'로 노래해야 할 사랑이 포르노 앞에서 상실되어 가는 세태를 경계하려는 데 가장 적절한 시어를 선택했겠지요. 시의 앞 대목만 읽더라도 시인의 문제의식을 또렷하게 알 수 있습니다. 자본주의에서 사랑이 "남자가 여자에게 여자가 남자에게 1회용 반창고"로 "인스턴트식품"으로 되었다는 시어는 우리 시대를 얼마나 날카롭게 찌르고 있는가요.

왜 '자본주의 사랑'이 그러한가는 분명합니다. 자본주의는 모든 걸 상품으로 만들고 돈을 매개로 서로 교환하는 관계로 만들어 버리니까요. 더구나 그 교환조차 서로 도움를 주려는 의지보다 가능한 돈을 더 챙기려는 이기적 타산이 지배하고 있습니다.

〈자본주의 사랑〉의 마지막 두 행을 읽으며 비속어 때문에 선입견이 생긴다면, 시인의 다른 시〈사랑〉을 정독해 보길 권합니다.

사랑만이
겨울을 이기고
봄을 기다릴 줄 안다

사랑만이
불모의 땅을 갈아엎고

제 뼈를 갈아 재로 뿌릴 줄 안다

천 년을 두고 오늘
봄의 언덕에
한 그루의 나무를 심을 줄 안다

그리고 가실을 끝낸 들에서
사랑만이
인간의 사랑만이
사과 하나둘로 쪼개
나눠 가질 줄 안다.

어떤가요? 〈자본주의 사랑〉과 〈사랑〉의 차이는 '자본주의'라는 말만 다른 게 아니지요. 김남주 시인은 전투적 민중 시인으로 널리 알려져 있지만, 그의 전투성에 얼마나 깊은 서정성이 튼튼하게 깔려 있는지를 확인할 수 있습니다. 사랑이 담긴 시인의 짧은 시 한편을 더 소개하지요. 〈옛 마을을 지나며〉라는 시입니다.

찬 서리
나무 끝을 날으는 까치를 위해
홍시 하나 남겨 둘 줄 아는
조선의 마음이여.

모두 4행으로 된 시 전문입니다. 시인의 서정성이 얼마나 탁월한가를 확인할 수 있지요. 기실 민중적 서정성이 풍부하기에 바로 그만큼 민중성을 파괴하는 세력이나 체제에 전투적일 수 있었겠지요. 시인의 전투적 시들은 그가 살아온 역정이 그렇듯이 민주주의와 사랑에 이어져 있습니다. 물론 시인이 자본주의 사랑을 비판하며 지키려는 사랑은 서정성에 머물지 않습니다. 〈사랑〉에서 노래하고 있듯이 사랑은 "불모의 땅을 갈아엎"는 노동입니다. 자본주의 사랑에는 없는 노동이 사랑을 사랑답게 만들어 가는 밑절미이지요.

피라미드의 꼭대기에 있어도 행복할 수 없는 사회

노동은 자기 내면을 겉으로 드러내는 창조적 활동임을 우리는 이미 살펴보았습니다. 노동이 다른 사람과의 관계에서 나타날 때, 바로 그게 사랑이지요. 사람과 사람이 모여 이룬 사회는 노동이 없을 때 단 한순간도 지속될 수 없습니다. 우리는 각자 자신의 일, 자기 노동을 통해 사회에 참여하지요. 다른 사람에 대한 일반화한 사랑, 그것이 나의 노동입니다.

일찍이 칼릴 지브란은 《예언자》에서 "노동을 통해 삶을 사랑하는 길만이 삶의 가장 깊은 비밀을 알게 됩니다"라고 썼지요. 이어 사랑이 없을 때 노동은 공허하다고 경고했습니다.

자본의 논리는 노동의 사랑과 사랑의 노동을 이윤 추구의 차디

찬 틀에 가둡니다. 사랑은 물론, 노동도 시나브로 시들 수밖에요. 인간 개개인이 자아실현을 이루는 데 가장 중요로운 노동과 사랑의 가치가 훼손되어 갈 때, 그 사회는 민주주의로부터 멀어질 수밖에 없습니다. 인간의 존엄성에 바탕을 두고 주권자로서 자아실현을 보장하며 '민중의 통치'를 일궈 내는 게 민주주의의 이상이기 때문입니다.

하지만 현실은 어떤가요? 언제나 더 많은 이윤을 추구하는 자본의 논리로만 볼 때, 노동자들의 몫인 임금은 가능한 줄이는 게 좋겠지요. 실제로 1997년 외환 위기 뒤 밀물처럼 들어온 신자유주의 체제에서 노동하는 사람들의 삶은 여러 모로 피폐해졌습니다. 대표적으로 비정규직이 가파르게 늘어났지요. 1996년 이후 2005년까지 고용된 노동자는 198만 명이었는데, 그 가운데 정규직은 41만 명에 지나지 않았습니다. 임시직과 일용직은 각각 115만 명과 42만 명 늘었지요. 2005년을 지나면서 전체 노동하는 사람 가운데 정규직보다 비정규직이 많은 기현상이 구조화됐습니다.

비정규직만 늘어난 게 아닙니다. 정치권과 손잡고 대기업들이 일상적으로 '구조 조정'에 나섬으로써 한 기업에 들어가 정년까지 일하는 '평생직장' 개념이 사라졌습니다. 노동하는 사람들의 삶이 불안정해질 수밖에 없지요. 정년이 보장되는 직업, 이를테면 공무원을 목표로 한 시험 경쟁률이 가파르게 높아진 이유도 여기에 있습니다. 대학에서 학과와 무관하게 공무원 시험을 준비하거나 고시생들이 급증했지요.

노동할 곳 없는 실업자들이 늘어나면서 노동의 문제는 곧바로 사랑의 문제와 이어집니다. 젊은이들의 '만혼 현상'이 빚어졌지요. 출산율이 떨어지는 속도도 커져 갔습니다. 비단 새로 구성되는 가정만이 아닙니다. 노동할 곳을 잃은 가장들은 당장 가족과 더불어 먹고살 길이 막막해졌지요. 실직 가장의 자살이나 가족 전체의 자살이 급증했습니다. 1997년 이후 자살률이 해마다 12.5퍼센트씩 늘어나는 끔찍한 현상이 나타났습니다. 자살만이 아니지요. 이혼율도 치솟았습니다. 1960년대 미국과 서유럽에서 나타난 '이혼 혁명'과는 전혀 달리, 경제적인 이유로 이혼이 폭증했지요. 노동의 불안정이 사랑을 어떻게 파괴하는지 단적으로 보여 주는 사례입니다.

노동과 사랑, 인생의 불확실성과 불안정이 극심해지면서 부모들은 더더욱 자신의 자녀를 '명문 대학'에 보내려고 출혈 경쟁을 벌입니다. 천문학적 사교육 시장이 입증해 주지요. 대학생들 자신도 어학연수나 교환 학생으로 자신의 '스펙'을 쌓아 갑니다. 결국 비싼 사교육비와 유학 비용을 감당할 수 있는 '있는 집' 자녀가 '명문 대학'에 들어가는 비율이 갈수록 높아집니다. 이런 방식의 '부의 세습' 때문에 민주주의를 내세우고 있는 나라에서 태어날 때부터 '신분' 차별이 이뤄지고 있습니다.

또한 언제 노동할 곳을 잃어버릴지 모른다는 불안감으로 너도나도 부동산 투기를 하고, 그것이 다시 아파트 매매와 전셋값을 올리며 평범한 사람의 주거권을 위협하는 악순환 구조가 뿌리내리고 있습니다.

결국 대한민국 구성원 대다수는 평생 생존 경쟁에 쫓기게 됩니다. 학교에 들어간 10대 이전부터 경쟁을 체화하고 평생 동안 '복습' 하지요. 유럽처럼 노동 교육을 통해 경쟁보다 연대를 강조하는 학교를 한국에서는 몹시 찾아보기 어렵습니다. 학생들의 내일을 위해 노동 교육을 시도하는 교사들에게는 어김없이 색깔 공세가 쏟아집니다. 학교 교육만이 아니지요. 자본이 소유하거나 영향력을 행사하는 신문과 방송은 자신의 권리를 주장하는 노동자들을 가차 없이 빨갛게 칠합니다.

이러한 사회에서 자라나는 사람들은 사랑을 배우거나 익히기 어렵습니다. 국민 대다수가 몸과 마음 깊숙이 경쟁의식에 젖어 있지요. 모든 경쟁이 악은 아닙니다. 스포츠 경기가 그렇듯이 경쟁은 때로 삶의 활력소가 됩니다. 문제는 경쟁이 획일화될 때입니다. 영어와 수학 중심의 학력이 '명문대' 진학을 좌우하고, 그 학력이 졸업 후에 '학벌'이 되어 평생을 좌우하는 사회에서 그 일차원적 경쟁은 어떤 의미가 있을까요? 경쟁력 자체만 따져 보더라도 문제가 있지요. 온 국민을 획일적 경쟁 기준으로 줄 세울 때, 그것이 과연 국가 경쟁력에 도움이 될까요?

획일적 경쟁이 지배하는 반민주적 사회에선 피라미드의 꼭대기에 있는 사람들조차 행복할 수 없습니다. 언제 경쟁에서 도태될지 모른다는 불안감에 사로잡힐 수밖에 없기 때문이지요.

2010년 1월 26일 삼성전자 부사장급 임원이 자신이 살고 있던 서울 강남의 고층 아파트에서 몸을 던지는 비극이 있었습니다. 고통으로 신음하던 그를 발견한 경비원들이 급히 병원으로 옮겼지만 곧 숨을 거뒀지요. 당시 그가 보유한 삼성전자 주식만 70억 원이 넘었습니다. 고인은 서울대 전자공학과를 졸업하고, 카이스트 석사, 미국 스탠포드대학에서 전자공학 박사 학위를 취득한 뒤 1992년부터 삼성전자에서 일해 왔다지요. 또한 그는 삼성전자의 부사장 이전에 한국 전자 업계의 인재였습니다. 전 세계 삼성그룹 계열사 임직원 16만 명 가운데 단 13명에게만 수여된 '삼성 펠로우'를 받은 최고급 기술자였으니까요.

하지만 고인의 아내는 남편이 업무 과중과 인사 문제로 많이 괴로워했고, 죽음 직전에는 못 마시는 술을 자주 마셨다고 밝혔습니다. 비인간적 기업 문화와 살천스러운 경쟁 체제는 피라미드의 꼭대기까지 올라간 사람의 인생마저 한 순간에 파괴한다는 진실을 드러낸 사건입니다.

삼성그룹을 세습한 이건희는 "한 명의 천재가 1만 명을 먹여 살린다"면서 엘리트 중심의 경영으로 노동조합을 탄압해 왔습니다. 그것이 삼성그룹의 매출액을 늘리는 데 일정한 성과를 거둔 것도 사실입니다. 하지만 그 기업이 불법 조성한 비자금으로 행정부·입법부·사법부·언론계에 돈을 뿌린다면, 더구나 삼성 안에서 일하는 사람들의 건강을 해치고 삶을 파괴한다면, 헌법에 보장된 노동조합을 인정하지 않고 탄압을 일삼는다면, 과연 한 기업으로서 삼성의 성장은 어떤 의미가 있을까요? '천재 경영'의 한계는 삼성전자를 키워 간 한 '천재'의 죽음에서 상징적으로 드러나지 않았을까요?

한국 경제를 대표하는 '브랜드'로 떠오른 삼성전자의 미래를 위해서라도 이제 경쟁 중심의 체제를 벗어나야 한다는 교훈을 삼성 그룹 최고 경영진이 과연 얻었을지 모르겠습니다. 삼성전자 부사장급 임원이 아파트에서 몸을 던진 심정과 전교 1, 2등을 다투던 고등학생이 성적이 조금 떨어졌다고 몸을 던지는 심경은 얼마나 다를지 묻고 싶습니다. 외국 전문 경영인들 입에서는 이미 삼성전자가 앞선 기술을 따라잡기에는 성공적이지만 혁신 기술로 나가는 데 취약하다는 분석이 나오고 있습니다. 삼성전자가 진정 한국을 대표하는 기업으로 지속 가능한 발전을 이루려면 엘리트 중심의 천재 경영과 획일적 경쟁 체제를 벗어나야겠지요.

획일적 경쟁이 창조력을 질식시키고 경쟁에서 살아남은 '승자'조차 죽인다는 사실은 비단 삼성전자나 한국 경제의 경쟁력 약화 문제에 그치지 않습니다. 10대 학교 교육을 비롯한 기성 사회 전반과 이어져 있습니다. 소수 엘리트에겐 어떨지 모르겠지만, 일차원적 경쟁 중심의 체제는 대다수 청소년과 일하는 사람(노동자)들의 다채롭고 창조적인 생각, 그들 개개인의 자기 계발과 자아실현을 가로막을 수밖에 없습니다.

사람은 저마다 고유한 개성을 타고납니다. 무릇 사람의 능력은 다채롭습니다. 단순히 숫자로 제시되는 아이큐를 넘어 '다중 지능'이 있다고 하지 않던가요? 개개인이 자신의 타고난 개성과 능력을 구현하며 자아를 실현해 가는 게 주권자의 길이라면, 그 길이 막힌 사람들에게 자아실현을 이룰 수 있는 조건을 만들어 주는 일에 참여하는 노동, 그것이 사랑의 표현이자 실천입니다.

  모든 사람이 마음 놓고 자기를 계발하며 자아실현을 해 나갈 수 있도록 우리가 살고 있는 획일적 경쟁 사회를 바꿔 가는 일, 흑백 논리가 지배하는 사회를 넘어 저마다의 빛깔로 개성이 다채롭게 피어나는 새로운 사회를 열어 가는 일, 바로 그 노동이 사랑이요, 민주주의입니다. 사랑과 노동의 삶을 살았던 수많은 사람들이 지상에 존재하는 동안 민주주의를 사랑한 까닭입니다. 사랑을 통해 민주주의는, 그 속에서 살아가는 나와 당신의 삶은 성숙해 가겠지요. 민주주의는 사랑입니다.

용산 참사와 민주주의 현주소

2009년 설날을 앞두고 이명박 정부는 서울 용산의 철거민 농성 현장에 경찰 특공대를 투입했습니다. 이 과정에서 무리한 진압으로 철거민 5명이 새까맣게 '숯 주검' 되었지요. 하지만 정부는 법 절차에 따라 재개발을 했다며 철거민들의 죽음을 외면했습니다. 참사 현장에서 가까스로 목숨을 구한 철거민들은 감옥에 갇혔습니다.

인권 단체와 시민 사회단체, 종교인들이 1년이 넘는 시간을 싸운 결과, 유족들은 가까스로 보상금만 받아 낼 수 있었습니다. 하지만 참사의 진실은 규명하지 못했습니다. 철거민들의 억울한 죽음을 밝히는 촛불 집회에 시민 참여가 미약했기 때문입니다.

2008년 촛불 항쟁과 견주었을 때 2009년 용산 참사에 분노하는 촛불은 왜 활활 타오르지 못했을까요? 용산 참사에 대한 첫 보도부터 참사의 책임을 전국철거민연합에 돌린 언론의 색깔 공세, 대다수 시민들이 광우병 쇠고기와 달리 철거민들의 참사를 자신의 문제로 받아들이지 못했던 현실, 이명박 정부의 대안이 또렷하게 보이지 않는 정치 경제적 상황이 그 이유입니다.

용산 참사를 통해 우리는 뒤틀린 민주주의 체제, 다른 사람들의 삶은 어떻게 되든지 간에 재개발로 더 많은 이익을 얻으려는 탐욕의 체제, 사람과 사람 사이의 연대보다 경쟁을 부추기는 신자유주의 체제를 그대로 둔 채 '이웃 사랑'을 들먹이는 게 얼마나 허구적인가를 생생하게 체험했습니다.

지하철에서 구걸하는 사람이나 노숙자들에게 특정 개인이 자기 지갑을 열어 푼돈을 건네는 자선도 사랑의 실천임에 틀림없습니다. 하지만 개인적 도움은 그 자선의 수혜자에게만 돌아갑니다. 그것도 일시적 도움에 그칠 가능성이 높지요. 적어도 인간의 생존권만은 사회가 제도적으로 보장하는 것이 더 큰 사랑의 실천 아닐까요.

민주주의는 사랑이라고 할 때, 그 사랑은 '사회적 상상력'을 담고 있어야 합니다. 모든 사람에게 생존권을 보장하는 복지 제도의 정착은 민주주의 성숙에 필요조건이지요. 유럽의 선진국들이 사회 보장 정책을 법제화한 이유입니다. 비단 돈이나 권력을 지닌 사람만이 아니라 노동자와 농민, 도시 빈민도 자신의 삶을 통해 자아실현을 이룰 수 있어야 비로소 민주 공화국이라고 할 수 있습니다.

문제는 사람들이 힘을 모아 성숙한 민주주의를 이루지 못하게 가로막는 세력이 엄존하는 데 있습니다. 누구일까요? 현재 돈과 권력을 지닌 채 자신들만 부귀를 누리려는 사람들입니다. 그들은 노동하는 사람들을 끊임없이 나누고 경쟁을 부추깁니다. 정규직과 비정규직으로 갈라놓고 서로 경쟁하게 만들지요. 정규직도 대졸자와 고졸자 사이에 차별을 둡니다. 다시 노동자와 실업자로 갈라놓습니다. 실업자가 많을수록, 서로 경쟁하게 만들어 놓을수록 노동자들을 마음대로 부릴 수 있으니까요. 바로 그것이 한국 민주주의의 현주소이지요.

사람과 사람 사이를 갈라놓으려는 세력에 맞서 사람과 사람 사이에 '다리'를 놓는 일, 그것이 사랑 아닐까요? 가슴에 사랑의 감성이 충만한 사람들이 민주주의의 새로운 지평을 벅벅이 열어 갈 주체입니다.

| 닫는 글 |
성숙한 민주주의에 이르는 7가지 습관

우리는 지금까지 민주주의의 빛깔을 찾아 제법 긴 여정을 함께 걸어왔습니다. 이제 다시 현실로 돌아와 한국 민주주의의 오늘을 직시해 볼까요?

21세기의 첫 10년이 지났음에도 여전히 한국의 민주주의는 흑백의 울타리에 갇혀 있습니다. 1948년 정부 수립 전후부터 마녀사냥으로 색깔을 죽여 온 흑백의 나라가 대한민국입니다. 해방 직후 친일 세력이 살아남기 위해 스스로 '보수'를 자처하며 자신들과 반대되는 사람들을 모두 '빨갱이'로 몰아세웠지요. 심지어 대표적인 보수 정치인 백범 김구까지 '빨갱이'로 몰아 결국 암살하지 않았던가요?

소련-동유럽의 사회주의 체제가 무너진 이후에도 대한민국 정치권 안팎에선 우물 안 개구리처럼 '색깔 공세'가 횡행합니다. 보수 정당과 진보 정당이 오래전부터 정권을 주고받아 온 선진국과 달리, 대한민국에서 노동자와 농민, 도시 빈민에 기반을 둔 진보 정당은 청와대와 내각에 들어간 경험이 전혀 없음은 물론, 입법부인 국회에서도 절대적 소수입니다.

문제는 흑백의 울타리에 갇힌 민주주의가 그 속에서 살아가는 개개인의 삶도 가두는 데 있습니다. 한국 민주주의에서 자기 계발과 자아실현은 틀 지워져 있지요. 노동자가 자신이 노동자라고 인식하지 못합니다. 노동조합 조직률은 겨우 10퍼센트 안팎입니다. 대기업을 소유한 사람들이 자신의 이익을 대변하는 정당에 투표하는 일은 자연스럽습니다. 그런데 노동자들이 자본을 대변하는 정당에 투표하는 풍경은 우리의 민주주의가 일그러져 있다는 명백한 증거이지요. 스스로 보수주의자나 중산층이라고 자부하는 사람들도 마찬가지입니다. 가혹한 경쟁 체제에 내몰리고 있습니다.

살인적 대학 입시 경쟁에 쫓기는 청소년은 물론, 대학을 졸업해 대기업에 취업해 다니면서도 '채찍질' 또는 '죽지 않고 살아남기'로 자기 계발에 나서는 나라에서 그 자기 계발이 과연 계발이라는 이름에 온전히 값할 수 있을까요? 개개인이 스스로 삶을 계발하는 슬기조차 상품으로 전락하는 살풍경을 우리는 목도하고 있습니다.

이 책이 민주주의의 빛깔을 물은 까닭은, 그것이 자기 계발의 '제1과 제1장'이라고 쓴 이유는, 색깔 공세로 흑백의 정치를 이룬 한국 사회와 달리 민주주의의 빛깔은 다채롭다는 사실을 증언하기 위해서입니다. 민주주의의 색깔은 아무리 줄여도 7개의 선명한 빛깔로 나타난다는 진실을 같은 시대를 살아가는 당신과 진솔하게 나누자는 데 있습니다.

　일곱 빛깔로 본 민주주의는 '인생·싸움·대화·정치·경제·주권·사랑'이었습니다. 그동안 민주주의를 상징하는 색깔로 흔히 파랑, 하양, 빨강을 꼽아 왔지요. 자유, 평등, 우애를 뜻하는 이 세 가지 색깔은 시민 혁명을 이룬 프랑스의 국기이기도 합니다. 또한 세 가지 색깔의 조합은 프랑스만이 아니라 여러 나라 국기에서 찾아볼 수 있습니다.

　이 책에서 민주주의를 일곱 빛깔로 짚어 본 우리는 이제 민주주의의 빛깔을 한마디로 정의할 수 있습니다. 바로 무지개입니다. 우리 개개인이 자신을 계발하고 자아를 실현하는 인생 자체이며, 싸움이자 대화이고, 정치이자 경제이고, 주권이자 사랑인 그 일곱 색깔이 모두 섞여 있는 아름다운 현상이 민주주의입니다.

　그 일곱 빛깔은 우리가 마주하는 모든 빛에 오롯이 담겨 있습니다. 빛과 섞인 채로 보기 때문에 무색으로 보일 따름이지요. 빛의 무지개 색깔은 비 온 뒤에만 보이는 게 아닙니다. 황혼이나 아침 노을에서도 무지개 빛깔이 은은하게 드러날 때가 제법 있습니다.

　민주주의를 자기 계발의 '제1과 제1장'이라는 맥락에서 다시 풀이한다면, 이 책에서 우리가 짚어 본 일곱 빛깔은 다음과 같이 7개의 습관으로 정리할 수 있습니다.

1. 민주주의가 자신의 인생이라는 진실에 눈떠라
2. 사람의 존엄성을 부정하는 사람이나 세력과는 싸워라

3. 신문 – 방송의 틀을 벗어나 대화하고 토론하라
4. 직업 정치인이 정치를 독점하도록 방관하지 말라
5. 생계 차원을 넘어 창조적 경제생활을 하라
6. 단 한 번인 자신의 인생을 주권자로 살아가라
7. 다른 사람의 삶을 존중하며 사랑하고 연대하라

이 책을 7가지 습관에 무게 중심을 두고 유행하는 자기 계발서처럼 쓸 수도 있었지만, 그렇게 쓰지 않은 이유가 있습니다. 습관이란 누군가 가르쳐 주는 게 아니기 때문이지요. 민주주의의 일곱 빛깔을 정확히 인식했다면, 민주주의가 나의 자기 계발과 자아실현에 직결된다는 진실을 정확히 꿰뚫었다면, 바람직한 자기 계발의 습관은 스스로 정한 규율로 익혀 가야겠지요.

따라서 앞에 예시한 '성숙한 민주주의에 이르는 7가지 습관'은 보기에 지나지 않습니다. 무엇을 어떻게 할 것인가라는 구체적 실천 사항은 개개인이 처한 상황에 따라 얼마든지 다르니까요. 여기까지 읽으면서 스스로 자기 말로 7가지 습관을 정리해 실천하는 자율과 슬기, 온전한 의미의 자기 계발이 바람직합니다. 가령 민주주의를 인생으로 받아들일 때 자신의 관심 영역에 따라 여러 사회 단체 가운데 하나를 선택할 수도 있겠지요. 같은 시대를 살아가는 사람들과 대화하며 새로운 사회를 어떻게 이룰까를 놓고 토론하며 자신의 삶을 걸어갈 수도 있겠고요. 또는 노동조합 없는 일터를 선택해 조합을 결성하거나, 노동조합이 있지만 부실한 일터에 들어가 조합을 건강하게 재탄생시키는 일도 우리 앞에 놓인 길 가운데 하나이겠지요.

다만 명토 박고 싶습니다. '인생·싸움·대화·정치·경제·주권·사랑'이라는 일곱 빛깔로 민주주의를 인식한 사람은 결코 '죽은 물고기'처럼 물살에 떠내려가는 삶을 살지 않습니다. 살아 있는 물고기는 물살을 거스르거나 유유히 자유롭게 돌아다니지요.

싸울 때 싸우고, 대화할 때 대화하고, 정치 경제의 주체로, 주권을 지키며, 사랑을 익혀 가는 삶이라면 그 사람을 어떻게 판단할 수 있을까요. 아름다운 인생이라고 할 수 있지 않을까요? 비인간적 삶을 살면서도, 굴종하고, 침묵하고, 법에 순응하고, 생존 경쟁에 쫓기며, 누군가에 예속되어 고립된 채 쓸쓸하게 늙어 가는 인생과는 대조적이겠지요. 당장 우리 주변에 있는 사람들이 어떻게 '자기 계발'을 하며 살아가고 있는가를 아무 선입견 없이 맑은 눈으로 짚어 보기 바랍니다.

무엇보다 나는 어떻게 살고 싶은가를, 또는 어떻게 살아왔는가를 톺아보았으면 합니다. 바로 그때, 어느새 민주주의가 당신의 인생으로 들어와 있다는 사실을 발견할 수 있으리라고 확신합니다. 성숙한 민주주의를 이루는 길과 숙성한 자아를 실현하는 길, 둘이 아닙니다. 하나입니다.